DE LA VIOLENCE ET DES FEMMES

Bibliothèque Albin Michel
Histoire

Cécile Dauphin, Arlette Farge, Geneviève Fraisse,
Dominique Godineau, Nancy L. Green,
Danielle Haase-Dubosc, Marie-Élisabeth Handman,
Véronique Nahoum-Grappe, Yannick Ripa,
Pauline Schmitt Pantel, Danièle Voldman

DE LA VIOLENCE
ET DES FEMMES

Albin Michel

© Éditions Albin Michel, S.A., 1997
22, rue Huyghens, 75014 Paris

ISBN 2-226-09381-8
ISSN 1158-6443

À Nicole Loraux

SOMMAIRE

9

Troisième partie

CRUAUTÉ, VIOLS ET GUERRES AU XXe SIÈCLE

Post-scriptum

Introduction

Violence et femmes : le sujet est sombre, éprouvant pour celles qui le travaillent. Il est semé d'embûches parce qu'il se dissémine facilement dans une large quantité de lieux communs non revisités, de stéréotypes solidement ancrés, qu'il entraîne aussi de réels sentiments de dégoût ou de fascination, difficiles à ordonner. De plus, les « discours » de chaque jour ont leur avis tout fait sur cette question, tandis que l'actualité ouvre régulièrement sur des paysages meurtris où il est abondamment question d'actes violents sur les femmes et, parfois, de quelques manifestations de violence féminine.

L'écheveau est serré : comment même penser la violence des femmes, alors que la violence sur les femmes est de loin la plus manifeste, la plus établie et qu'elle éclate atrocement lors des guerres d'hier et de maintenant ? Le dimorphisme est si évident qu'il pourrait imposer silence à une quelconque réflexion sur la violence des femmes.

Il a semblé pourtant nécessaire, et c'est l'objet de cet essai, de fonder une réflexion sur la façon différenciée dont, en histoire et aujourd'hui, les sociétés vivent, pensent et imaginent la violence féminine tandis qu'elles exercent simultanément de la violence sur les femmes. Il s'agit là de deux « moments » de la vie réelle des femmes (violence de / violence sur) dont certaines sociétés se servent à des fins chaque fois très différentes et historiquement diversifiées. Dans les représentations courantes, personne ne s'étonne vraiment de ce que les femmes puissent être violentes (c'est même un topos bien établi et des faits pour le prouver sont facilement mis en avant), et l'ensemble du corps social sait bien que les femmes sont souvent victimes de violences, même si des prises de conscience sporadiques et momentanées se font à certaines périodes de l'histoire. Cette coexistence, banalisée et jamais réinterrogée, a construit un vague consensus organisé autour des évidences suivantes : oui, les femmes sont violentes malgré leur douce nature ; oui, les femmes sont violentées puisque les sociétés vivent sous la domination masculine.

Cette double évidence, délaissée par le champ réflexif, se doit à présent d'être l'objet de quelques questions, posant en premier leur étrange articulation, mouvante et mobile, avec le fonctionnement social, politique, imaginaire des sociétés dans l'histoire. Beaucoup de travaux (on le sait) ont été faits à propos de la violence sur les femmes, et l'historiographie féministe a bien pris cette réalité en compte, encore qu'on puisse déplorer une absence de travaux sur le viol. Qu'il soit permis de dire à ce propos que les représentations féministes (et l'historiographie qui en découle) ont malgré tout rendu tabou le sujet violence des femmes. S'occuper de cette réalité peut sembler pour certaines injustifiable parce qu'elle entache la « cause des femmes » ainsi que la nécessaire dénonciation de la violence sur les femmes. De ces représentations, nous ne pouvons affirmer que nous sommes totalement débarrassées : elles ont souvent pesé lourd dans les discussions autour de ce travail, comme si nous étions, face à ce dimorphisme flagrant, finalement coupables d'aller « chercher » des exemples de femmes violentes.

Défendre des convictions, réfléchir, interpréter, proposer des hypothèses demande des ajustements et une pensée rigoureuse : c'est celle que nous avons essayé de mener ici comme un défi. C'est aussi pour cette raison que ce travail se présente sous forme d'un essai à la problématique affirmée, un essai ne prétendant aucunement détenir un point de vue descriptif et exhaustif sur la question.

Il faut encore ajouter que les guerres ont pesé lourd dans nos réflexions : tandis que nous étions en train de travailler sur le sujet, la guerre en ex-Yougoslavie éclatait. Les viols systématiques qui y furent commis sous l'œil incrédule de l'Europe ont renvoyé notre démarche, en un premier temps, vers une sorte d'impuissance douloureuse, en un second temps vers l'urgence d'entamer une véritable enquête historique sur la capacité des sociétés à absorber dans le jeu habituel et construit du masculin et du féminin une coutumière violence sur les femmes, et à admettre dans la réalité de son fonctionnement une certaine violence des femmes, à certains moments fort confortable ou utilisable pour elles.

Cet essai prend également position contre une certaine « déréalisation » des faits et des événements violents. Expliquons-nous : la pudeur, la volonté de ne sombrer ni dans le misérabilisme ni dans le voyeurisme font de l'objet violence et femmes un objet complexe, difficile à manier. Nous voulons en quelque sorte le porter à sa juste place, là où il existe, là où il est réfléchi pour être utilisé, là où il imprègne les imaginaires. Par ailleurs, nous savons bien qu'une certaine tendance historiographique (partagée avec d'autres sciences sociales) privilégie le monde des représentations, laissant l'objet de réalité à sa pauvre « inexistence ». Nous n'oublions pas pour autant à quel point les discours et les représentations fabriquent insidieusement à leur tour des effets de réel intériorisés par les acteurs. C'est pourquoi il importe dans ce cas particulier de bien distinguer les niveaux de lecture sans jamais délaisser certaines formes de violence qui peuvent provoquer de la stupeur. Il existe sûrement un lieu d'énonciation — nous l'avons cherché — qui puisse permettre de croiser des faits, la description de leur excès, la réalité de leur insoutenable. De plus, en travaillant sur le monde construit des représentations et la forme des exigences sociales et politiques à son égard, on peut tenter de construire un objet fiable, offert à la réflexion de tous, donné comme pensable donc transformable.

Réalité transformable, mobile, mouvante : ici se trouve énoncée par ce biais une des caractéristiques de cet ouvrage. Derrière l'universelle domination masculine, des brèches s'entrouvrent à certains moments, des configurations ponctuelles surviennent qui peuvent montrer qu'ont existé et qu'existent des « lieux du possible », des moments spécifiques où se tentent des échappées et où s'inscrivent pour l'histoire des événements non figés, importants pour la mémoire et pour l'avenir, susceptibles de renverser l'ordre qu'on dit immuable des choses. Dans ces espaces précis, l'historienne, l'anthropologue travaillent non plus sur l'ensemble des mécanismes mais sur le particulier, l'irrégulier, l'irréductible, l'hétérogène. Elles (ils) travaillent de fait sur le sujet et le réhabilitent comme fabriquant de l'histoire. À sa mesure. Au lieu où son irrégularité prend l'histoire de travers.

Quelques ensembles de réflexion ponctuent cette approche singulière de la violence et découpent l'objet de façon interrogative et non exhaustive. De la Grèce ancienne à nos jours, sans pourtant que toutes les périodes soient représentées, ils mettent à l'épreuve la problématique de l'articulation entre violence des femmes et sur les femmes.

Une première partie, composée d'un article sur la Grèce ancienne (Pauline Schmitt Pantel) et d'un autre sur la Révolution française (Dominique Godineau), examine la façon dont les acteurs politiques répertorient, définissent et classent les formes de la violence. La femme devient une étrangère face au monde construit de la cité.

Une seconde partie prend appui sur des moments historiques précis (du XVIIe au XXe siècle) qui permettent d'identifier des configurations instables et mobiles entre le masculin et le féminin. À travers elles, se négocient d'autres relations qui déchirent la rigidité des codes admis. À ces écarts, les sociétés trouvent souvent de l'utilité. C'est autour de cette notion, entre autres, que sont examinées la société du premier XVIIe siècle (Danielle Haase-Dubosc), les relations entre hommes et femmes à Paris au XVIIIe siècle (Arlette Farge), les catégories de la criminalité et l'ensemble des codes de séduction (Cécile Dauphin). S'y ajoute un aperçu historiographique sur la délinquance féminine à partir de travaux américains récents (Nancy L. Green). Dans la Grèce contemporaine, une enquête anthropologique montre comment deux villages affrontent différemment la domination du monde masculin sur le monde féminin, et les comportements féminins qui y répondent, y compris les attitudes violentes de femmes entre elles (Marie-Élisabeth Handman). Au cœur de sociétés construites, des déplacements sont donc pensables, de minuscules mouvements font apparaître d'autres réalités complexes.

Les guerres du XXᵉ siècle sont l'objet d'une troisième partie. Sur ces tragédies toujours actuelles, bien peu de travaux ont abordé le rôle des femmes en guerre ou en armes, ainsi que les phénomènes spécifiques de cruauté contre les femmes. Les sociétés en guerre, contrairement à une idée reçue, savent organiser des formes de barbarie s'appliquant au masculin et au féminin, en fonction de visions bien précises du héros guerrier, de la famille et de la filiation (Yannick Ripa, Danièle Voldman et Véronique Nahoum-Grappe).

Cet essai se termine par un regard philosophique sur une œuvre emblématique de la misogynie, celle de Strindberg, où l'on tente de comprendre « comment s'articulent les violences respectives et réciproques entre les sexes » (Geneviève Fraisse).

PREMIÈRE PARTIE

LA CITÉ :
QUE FAIRE DE LA VIOLENCE FÉMININE ?

PAULINE SCHMITT PANTEL

De la construction de la violence
en Grèce ancienne :
femmes meurtrières et hommes séducteurs

« Pour commencer je chante Déméter aux beaux cheveux l'auguste Déesse, elle et sa fille aux longues chevilles qui fut ravie par Aïdoneus, du consentement de Zeus dont la vaste voix gronde sourdement, tandis que loin de Déméter au glaive d'or qui donne les splendides récoltes, elle jouait avec les jeunes Océanides et cueillait des fleurs dans une tendre prairie [...] et aussi le narcisse que, par ruse, Terre fit croître pour la korè fraîche comme une corolle, selon les desseins de Zeus, pour complaire à celui qui reçoit bien des hôtes [...] Étonnée elle étendit à la fois ses deux bras pour saisir le beau jouet : mais la terre aux vastes chemins s'ouvrit dans la plaine nysienne, et il en surgit avec ses chevaux immortels, le Seigneur de tant d'hôtes, le Cronide invoqué sous tant de noms. Il l'enleva et malgré sa résistance, l'entraîna tout en pleurs sur son char d'or ; alors elle poussa des cris aigus pour appeler le Cronide, Père suprême et très puissant. Mais personne parmi les Immortels et les hommes mortels ne perçut ses cris [...] Les cimes des monts et le gouffre des mers retentirent aux cris de l'Immortelle, et sa noble mère l'entendit. Déchirante, la douleur s'empara de son cœur[1]. » Dans sa quête Déméter va voir Hélios (le Soleil) : « Hélios [...] L'enfant de mes entrailles, cette douce fleur dans toute la gloire de sa beauté, ah ! je viens d'entendre sa voix déchirante traverser l'éther inlassable, comme si on lui eût fait violence *(biazoméné)*. »

À ce récit font écho de nombreuses représentations figurées.

J'en retiens une, peinte sur une tombe de Vergina en Macédoine au IVe av. J.-C. Un Hadès barbu, athlétique, arrache une Perséphone, qui résiste de tout son corps tordu d'effroi, à une compagne aussi impuissante que terrorisée[2].

Ouvrir ces quelques pages où j'aimerais confronter la violence des femmes à la violence dont elles sont l'objet, par le récit très connu de l'enlèvement de Coré par Hadès et sa représentation figurée, rappelle l'essentiel : parmi les nombreuses formes de violence que connaît la société grecque antique, la violence sur les femmes est une constante, et particulièrement la violence sexuelle, celle du rapt et du viol dont il est question ici[3]. Elle est certes connue et a été étudiée, mais de façon parfois un peu biaisée comme le suggère l'intéressant article d'Ada Cohen sur les représentations de l'enlèvement dans l'art grec[4]. La lecture de ce travail au moment même où je cherchais l'articulation entre les récits de violence féminine et les récits de violence masculine sur les femmes m'a suggéré une hypothèse que seule une enquête approfondie sur les textes et les représentations permettra de vérifier, mais que je présente ici. Si les Grecs parlent de la violence des femmes, ils ont du mal à énoncer la violence sur les femmes, en particulier dans le domaine de la violence sexuelle, et après eux les historiens modernes aussi. En fait, ils ne les pensent pas dans le même registre, d'où le titre donné à ces pages.

En raison de la nature des sources grecques, il est difficile de trouver des traces de la violence « réelle » au quotidien des femmes et exercée sur les femmes, y compris dans le domaine de la répression et de la sanction : les lois sont très rares. Aussi, même si, comme nous l'avons souligné dans l'introduction, nous aimerions éviter la déréalisation qu'induisent les études sur les modèles et les représentations, il faut accepter de travailler une fois encore sur des discours quand on aborde le monde grec antique, ce qui ne veut pas dire forcément mettre à distance, voire entre parenthèses, ce dont ces discours parlent : les meurtres, le suicide, le viol. Toutefois l'effet de réel de tels gestes qui restent tellement contemporains explique peut-être ma répugnance à les prendre pour objets d'histoire. Ils font souvent partie de notre histoire.

Un certain nombre de récits grecs mettent en scène soit collectivement soit individuellement des femmes violentes[5]. Cette violence se développe dans des cadres et des moments précis, sa construction par les Grecs obéit à des règles. Un premier ensemble concerne les rituels. On sait que la place des femmes dans la religion polythéiste grecque est importante au point qu'on leur délègue couramment des fonctions sacerdotales et qu'elles sont très présentes dans bien des rites. Un rite toutefois leur est interdit : celui du sacrifice sanglant, la norme étant qu'une femme ne doit pas faire couler le sang et que le sacrifice est un acte qui définit l'identité civique, or les femmes sont exclues de la citoyenneté. La violence féminine va donc se développer dans des situations qui sont hors du contrôle direct des hommes, en transgressant la norme. Parmi ces situations, les fêtes où les femmes sont entre elles, certaines fêtes en l'honneur de Déméter et de Dionysos par exemple. Dans le cadre des Thesmophories, fête que célèbrent les femmes pour Déméter, et qui est interdite aux hommes, deux récits voient les femmes se servir des instruments du sacrifice à des fins de violence contre les hommes[6]. Le roi Battos de Cyrène est ainsi châtré par les prêtresses de Déméter alors qu'il assistait aux cérémonies[7]. Les Messéniens tentent de prendre en otages des femmes de Laconie qui sont dans un sanctuaire de Déméter, mais les femmes repoussent les Messéniens à coups de couteau de sacrifice et de broche à faire rôtir les viandes[8]. Ces récits ont des significations diverses, parmi lesquelles l'importance pour les hommes de garder le monopole du rite du sacrifice sanglant et du partage qui lui est associé, et la crainte que les femmes entre elles puissent le briser et, ce faisant, prendre une place qui leur est toujours refusée : celle de citoyennes. Dans le cas de Battos le roi châtré ou des Messéniens, ces guerriers valeureux mis en déroute, c'est bien l'*andreia*, au sens à la fois de la virilité et du courage guerrier qui définit le citoyen, qui est battue en brèche, une brèche vite refermée dans l'imaginaire grec, tant sont rares les récits de ce type.

Les rites en l'honneur de Dionysos sont aussi parfois l'occasion de laisser entrevoir la violence féminine. Ce ne sont pas les suivantes fidèles du dieu accomplissant les rites prescrits qui sont violentes, mais bien les femmes qui refusent de célébrer le culte dionysiaque. Dionysos les frappe alors d'une rage frénétique qui les égare. Ainsi les femmes de la cité de Thèbes dans la pièce d'Euripide *Les Bacchantes* qui, possédées par le dieu, se livrent à une chasse à l'homme, la victime étant le chef de la cité, le roi Penthée[9]. La violence des femmes est alors présentée comme un instrument de la vengeance divine, Dionysos ayant voulu punir l'ensemble de la cité de Thèbes et son chef, Penthée, pour n'avoir pas reconnu et accueilli son culte. Les formes de cette violence consistent à pousser à l'extrême les gestes habituels du rite dionysiaque, le sacrifice par *diasparagmos* qui consiste à déchiqueter la victime, la victime étant cette fois un homme en place d'un animal. Là encore, ce qui est en cause est bien l'*andreia* de Penthée, son statut d'homme et de roi, chef politique par excellence. Mais cette fois, la violence des femmes ôte la vie.

Ainsi dans ces exemples la violence des femmes est mise en scène à l'occasion et à l'intérieur de rituels qui, les laissant entre elles, leur donne une certaine autonomie. Dans ces moments, les hommes grecs peuvent imaginer toutes formes de transgressions de la part des femmes épouses et filles de citoyens, dans la mesure où ils sont exclus de ces rites. Cette violence s'en prend aux hommes de la cité, dans leur double statut d'êtres virils et d'êtres politiques —, les deux paraissent dans ces récits inséparables. Elle n'est en aucun cas une violence gratuite, mais répond à la violence des hommes qui ont outrepassé la règle religieuse, chacun à leur manière, Battos en voulant à tout prix assister à une fête de Déméter réservée aux femmes, les Messéniens en assaillant de surcroît un sanctuaire, lieu sacré et inviolable, Penthée en épiant les femmes qui font les Bacchantes dans la montagne.

La violence féminine se développe dans les récits grecs à une autre occasion : celle du mariage. Le passage de l'état de jeune fille à celui d'épouse est marqué dans le monde grec par une série d'engagements, de rites et de pratiques de vie et non par une décision unique d'ordre institutionnel ou religieux. Le caractère flou de ce changement d'état est d'autant plus surprenant que la reproduction du groupe des citoyens et la survie de la cité en tant qu'entité politique sont presque exclusivement liées à la procréation d'enfants légitimes et donc à la reconnaissance d'un statut d'époux et d'épouses. Des femmes vont user de violence pour marquer leur refus du mariage, mais cette violence est, de façon plus claire encore que la violence rituelle, une réponse ou une contrepartie à la violence masculine. L'épisode le plus connu de violence à la fois collective et individuelle est l'histoire des Danaïdes, les cinquante filles du roi Danaos, poursuivies par les cinquante fils du roi Egyptos qui veulent les posséder de force, égorgent leurs époux le soir de leur mariage à l'exception d'une d'entre elles, Hypermestre[10]. La violence des hommes, qui sont des cousins consanguins, est à la fois physique (la tragédie les nomme « les déchireurs ») et institutionnelle car les prétendants n'ont pas le consentement du père Danaos. Celle des femmes leur répond ; le cadre est celui d'une véritable guerre entre les hommes et les femmes, affrontement que le mythe va s'efforcer de surmonter, de dépasser pour que le mariage devienne un contrat ritualisé qui gomme toute violence. Un autre exemple de refus violent du mariage par la femme est celui d'Atalante[11]. Sur la foi d'un oracle qui lui a conseillé de fuir le mariage, Atalante provoque à la course ses prétendants, gagne et leur coupe la tête. Le portrait d'Atalante est l'opposé de celui de la jeune fille prête à se marier, la *numphè* ; elle a troqué le voile pour les armes et sa course ressemble à une chasse car elle seule dispose d'une arme, l'homme occupant la place de la proie, du gibier. La suite de l'histoire d'Atalante, qui, séduite par les pommes d'or que Mélanion ou Hippomène, selon les versions, jette devant elle, perd la course et se marie, montre qu'il n'est pas d'alternative possible : aussi farouche soit-elle, la jeune fille devient une épouse[12].

La violence d'une Atalante frappe par sa singularité même, la norme étant celle de femmes violentées. Même si la violence sexuelle des hommes et des dieux à l'égard des femmes est constante, c'est en effet dans le moment du passage du statut de jeune fille à celui d'épouse que se multiplient les épisodes de viol. Mais cette violence n'est même pas dite comme telle, et elle est par avance justifiée par les buts hautement valorisés que lui assignent les Grecs, comme faire passer l'être féminin du monde de la nature et de la vie sauvage à celui de la culture, fonder une cité, mettre en place des éléments essentiels de la civilisation... Tout occupés à donner un sens à ces violences, les hellénistes ont bien souvent eux aussi oublié la réalité du viol ou, à la suite des Grecs, en ont retenu une version douce et expurgée, parlant d'enlèvement et de poursuite. Je le dis d'autant plus volontiers qu'ayant travaillé moi-même sur un mythe qui met en scène le passage de la jeune fille à l'épousée, celui de la jeune Aithra à Trézène, j'ai, dans une analyse qui se voulait attentive à toutes les structures, laissé totalement de côté la violence sous-entendue dans le récit [13]. Sur la foi d'un songe trompeur envoyé par Athéna, Aithra vient accomplir un rituel auprès du tombeau d'un héros, et là Poséidon s'unit à elle, en fait la viole, et de cette union naîtra Thésée, le roi d'Athènes. Le rôle de l'intelligence rusée (la *métis*) dans cette affaire, le statut des divinités, le modèle inversé de l'initiation masculine, bien d'autres traits encore m'ont alors paru plus importants dans une analyse historique que le seul simple fait de la violence. Je ne fais pas là un *mea culpa*, mais je comprends bien l'irritation sous-jacente à certains travaux récents qui demandent avec quelque raison que l'on réfléchisse aussi à l'omniprésence de la violence dans ce type de récit [14].

Avant de revenir aux discours, rappelons les informations données par les rares sources de la pratique traitant du viol en Grèce ancienne [15]. Une loi de Solon, législateur d'Athènes au début du VIe siècle, punit le viol d'une femme libre d'une amende de cent drachmes [16]. Les lois de Gortyne, cité de Crète, mises par écrit au milieu du Ve siècle, sont plus précises : « Si quelqu'un viole un homme libre ou une femme libre, il paiera cent statères ; dans le cas d'un *apétairos* [17], ce sera dix statères ; si c'est un esclave qui viole un homme libre ou une femme libre, il paiera le double ; si c'est un homme libre qui viole un serf ou une serve, ce sera cinq drachmes ; si c'est un serf qui viole un serf ou une serve, ce sera cinq statères [18]. » L'amende est fonction du statut social du violeur et de la victime, et les victimes des deux sexes, garçons ou filles, sont mises sur le même plan ; les lois de Gortyne sont l'unique exemple à ma connaissance de cette égalité [19]. Enfin une loi dite sur l'*hubris* (toute forme de démesure), connue par l'orateur du IVe siècle Eschine, punit quiconque use de violence contre un enfant, un homme ou une femme et distingue le viol d'une femme libre du viol d'une esclave qui ne vous appartient pas [20].

Il n'existe pas de terme signifiant le viol, aussi les textes recourent-ils à l'idée de violence physique pour désigner cet acte et usent-ils de termes tournant autour de la honte ressentie par la victime et de la privation d'honneur : le verbe *atimazein*, priver d'honneur, relève du vocabulaire politique [21]. Si le langage juridique est obligé de nommer assez précisément l'acte de violence, il n'en est pas de même dans les récits où bien souvent le viol disparaît sous un terme anodin comme « s'unir avec » qui désigne de façon générique l'acte sexuel. C'est le cas dans l'histoire d'Aithra comme dans beaucoup d'autres. Comme le langage, l'image masque également la violence. Les représentations figurées de viol sont allusives : plutôt que de montrer l'acte sexuel — ce qui ne provient pas d'une censure plus générale de la culture puisque nombreuses sont les représentations de scènes érotiques dans l'art grec — on représente l'enlèvement de la jeune fille, un thème très fréquent dans l'art grec sur une longue période et dans différents contextes [22]. Dans ce domaine aussi les auteurs modernes ont, à la suite des Grecs, filé la métaphore : ils font de l'enlèvement le synonyme de mariage, fertilité, régénération, mort [23]. Les scènes de violence à la fontaine représentant une jeune femme qui, venue remplir son vase à eau, tâche typiquement féminine dans le monde grec, est saisie par un homme, seraient des mises en garde adressées aux femmes utilisatrices des hydries [24]. Les enlèvements dans un contexte funéraire, comme la scène de l'enlèvement de Perséphone par Hadès peinte sur les parois d'une tombe à Vergina, sont interprétés comme métaphores de l'apothéose, du salut, de la réincarnation. Comme le souligne avec force A. Cohen, jamais ces images ne sont vraiment discutées dans le contexte du viol, et par conséquent le viol tend à disparaître et avec lui l'expérience qu'en fit la femme. Or, au-delà du sens métaphorique l'image dit aussi l'angoisse du viol dans le monde des vivants ; elle montre le traumatisme émotionnel qu'il provoque chez la femme, chez la victime : Perséphone ne prend pas calmement congé de sa compagne, ses yeux disent l'horreur que lui inspire son futur destin.

Ainsi, à la violence exceptionnelle d'une Atalante, répond la violence ordinaire des hommes, qui par tous les moyens se procurent des épouses, une violence qui n'est pas même reconnue ni nommée ni représentée, une violence que l'on aurait même tendance à oublier. C'est pourtant elle qui est souvent la cause d'une autre forme de violence, également tue et cachée, celle des femmes sur elles-mêmes, quand les jeunes femmes se suicident après avoir été violées ou pour ne pas l'être. En période de guerre, le viol et la réduction en esclavage sont le sort commun des femmes depuis l'*Iliade*. Et le suicide, le seul moyen d'y échapper. Mais dans des circonstances moins dramatiques — la cité en état de paix —, le suicide permet d'échapper au déshonneur individuel qui pèse sur la jeune fille violée, honte qui naît de l'outrage lui-même, nous l'avons vu, honte qui naît aussi de la suspicion plus insidieuse d'une certaine forme de consentement, des thèmes toujours d'actualité[25].

La violence que les femmes exercent sur elles-mêmes peut avoir d'autres raisons et ces raisons expliquent aussi la violence que les femmes sont parfois capables d'exercer à leur tour. Pour le dire de façon schématique et rapide, elle se développe quand est mis en cause le seul statut qui leur soit réservé, celui d'épouse et de mère. N. Loraux a étudié toutes les figures de femmes dans la tragédie qui sont ainsi acculées à la mort, à leur propre mort[26]. Elles se suicident par la corde telles Jocaste à la découverte de l'inceste avec Œdipe, Léda, en raison de l'inconduite de sa fille Hélène, Phèdre épouse de Thésée et amoureuse d'Hippolyte, Antigone pour échapper à la mort emmurée, ou

26

par le glaive telles Déjanire à la mort de son époux Héraclès, Jocaste, dans une autre version tragique, à la mort de ses fils, Eurydice la femme de Créon à l'annonce du suicide de son fils Hémon, ou encore par le feu telle Évadné qui se jette dans le bûcher funèbre de son époux Capanée, des formes de mort qui confèrent ou non à la femme un statut héroïque — la mort par le glaive, mort virile, étant hautement valorisée. Ne m'intéresse ici qu'un aspect de ces histoires de violence. Les femmes se donnent la mort quand leur statut d'épouse, par exemple à la mort de leur mari (Déjanire, Évadné), à la veille d'être répudiée (Phèdre), de désespoir de n'avoir pas eu le temps de devenir une épouse (Antigone), ou leur statut de mère est menacé comme par la mort de leurs fils (pour Eurydice et Jocaste) ; Jocaste, mère et épouse, allie les deux statuts. Or elles sont capables de tuer aussi pour les mêmes raisons, dans les mêmes circonstances, quand leur mariage est menacé, quand la légiti-mité de leur union est mise en cause par l'époux, quand elles craignent la répudiation. Alors Clytemnestre tue Agamemnon, Déjanire tue Héraclès, Médée tue Créuse et ses propres enfants. Ces deux versants de la violence féminine sont totalement symétriques de part et d'autre de l'axe que représente le statut d'épouse procréatrice d'enfants légitimes. On pourrait penser qu'il s'agit là d'attitudes individuelles et relevant du seul domaine de la vie privée. Mais les récits concernant des groupes de femmes qui prennent en main de façon très temporaire la défense de la cité et usent de violence en sont une exacte conti-nuité.

Les femmes de la cité de Chio par exemple : leur ville est assiégée par Philippe fils de Démétrios qui proclame l'union des esclaves et de leurs patronnes [27]. Alors, les femmes, prises d'un dépit farouche, vont sur les remparts, portent des pierres et des traits aux combattants, les exhortent, luttent personnelle-ment à leurs côtés en envoyant une grêle de projectiles. Les ennemis sont ainsi repoussés. La violence des femmes n'est qu'une marque de leur courage, sur lequel d'autres récits insis-tent : les femmes de Mélos portent les armes sous leurs robes, armes dont se serviront leurs époux le moment venu pour tuer leurs hôtes lors du banquet, les Tyrrhéniennes prennent la place de leurs époux dans les prisons de Sparte en échangeant leurs habits et « eux partis, elles se résignèrent à rester là, préparées à toutes les extrémités les plus terribles », allusion aux violences habituelles faites aux femmes[28]. Un dernier exemple : les femmes d'Argos, après une sévère défaite de leur cité contre Sparte qui a vu la mort de nombreux Argiens, défendent la ville revêtues d'un costume masculin et assument la violence de la guerre[29]. Pour pallier le manque d'hommes elles refusent de se marier à des esclaves mais acceptent d'épouser « les citoyens les plus distingués des villes environnantes ». Dans tous ces cas, et pour des raisons diverses, la survie de la communauté politique est en jeu. Les femmes font preuve d'*andreia*, de courage viril, voire de violence, mais c'est une violence acceptée par la cité : toutefois, les femmes qui y ont recours sont considérées comme des hommes. La loi d'Argos autorise les nouvelles mariées à se mettre une barbe au menton quand elles coucheraient avec leurs maris. Nous sommes aux limites de notre parcours : la violence des femmes est une violence masculine.

Ces quelques histoires de femmes violentes témoignent de l'extrême précision de la construction grecque de la violence. Si, vues de l'extérieur, les Bacchantes comme les Danaïdes pourraient sembler des femmes violentes par nature, les récits grecs insistent au contraire sur le lien étroit entre la violence des femmes et leur statut culturellement défini. On aurait envie de dire que les femmes ne sont jamais violentes sans raison, même si cette violence perturbe l'ordre des *andres*, jusqu'à le détruire. Pour nous, observateurs lointains, il est clair que la violence des femmes s'articule sur la violence des hommes, lui répond, et d'une certaine manière la met en cause. Mais, et c'est peut-être là où gît la dissymétrie la plus surprenante, la violence masculine vis-à-vis des femmes est dans la culture grecque antique minimisée, voire gommée, comme si elle était naturelle, ou plus précisément comme si elle était constitutive de la définition de la citoyenneté. Le citoyen grec chasse, fait la guerre et viole, rappelle avec un brin de provocation A. Cohen. Je gloserai cette remarque en disant que dans le discours des Grecs la violence masculine s'exerce contre les animaux, les ennemis et les femmes. Comme pour la guerre ou pour la chasse, il y a dans la violence à l'égard des femmes des règles à respecter, ni plus ni moins. Que la violence en elle-même ne soit pas mise à l'index apparaît clairement dans le traitement différent réservé à la violence sexuelle (le viol) et à la séduction (par exemple dans le cadre de l'adultère). Un homme qui viole doit payer une amende, nous l'avons vu, un homme qui séduit l'épouse d'un citoyen peut être tué sur place en flagrant délit (à Athènes) ou être soumis à différentes peines infamantes et perdre sa qualité de citoyen (à Kymé)[30]. Il est donc parfois moins grave de violer que de séduire. Et en tout cas le viol n'est jamais puni davantage que la séduction. Le code de Gortyne, plus libéral que les lois d'Athènes, prescrit une amende de cent statères pour le flagrant délit d'adultère avec une femme libre, exactement la même somme que pour le viol. Bref, il s'agit de défendre l'intégrité de l'*oikos* (la maisonnée) et de préserver la légitimité de la descendance pour permettre à la cité de renouveler son groupe de citoyens. De rares lois tarifient le viol, les textes l'oublient ou l'appellent « enlèvement et poursuite », les images aussi, la cité craint au moins autant la séduction que la violence, une logique de cité d'hommes bien évidemment.

Poser simultanément la question de la violence des femmes et de la violence sur les femmes permet de s'attarder sur les moments et les lieux où cette relation s'articule, et dans les cités grecques antiques ces moments et ces lieux sont en rapport direct avec la question du statut des femmes défini à la fois par leur place dans les rituels religieux et par leur rôle dans la survie de la communauté civique par la procréation d'enfants légitimes. Les récits grecs, qui sont écrits ou mis en images par et pour les hommes, construisent la violence féminine dans ces points nodaux et la présentent moins comme une violence qui relèverait de la nature féminine que comme une violence dépendant des conditions de la culture dans laquelle les femmes vivent : une culture où se marier est obligatoire et où perdre le statut d'épouse-mère revient à perdre la seule identité qui soit reconnue à la femme grecque. La violence féminine, si effrayante soit-elle, n'est pas gratuite. La violence faite aux femmes l'est-elle ? Dans l'imaginaire grec, c'est un point important dont je n'ai pas parlé, les barbares, les êtres à demi-bêtes comme les Centaures, dont on raconte et représente les violences sur les femmes, sont des êtres non civilisés, qui enlèvent, violent et tuent sans raison. Leur comportement d'ailleurs à la guerre, ou à la chasse, relève de la même incapacité à maîtriser la violence. Leur violence est gratuite et donc condamnable. Mais les Grecs ? Les dieux, les héros, les citoyens ordinaires ? Leur violence sur les femmes trouve sa justification dans l'obligation de passer d'un état de nature à un état de culture, dans la nécessité d'instituer le mariage, de fonder une dynastie, ou de répartir les parts d'honneur entre les dieux. L'acte même de la violence est estompé, passé sous silence, le droit le reconnaît et le sanctionne (dans le cas du viol), mais pas plus et souvent moins que la relation sexuelle consentie qui met en péril la légitimité de la descendance. La vraie violence faite à la cité est d'enlever et de séduire ses femmes... Enfin, il faut le rappeler, les récits et images grecs de violence féminine sont très peu nombreux au regard des récits et images de violence faite aux femmes. Bref, cette construction dissymétrique de la violence est utile pour comprendre le fonctionnement de l'imaginaire masculin, dont je retiendrai que, s'il masque ses propres formes de violence, il donne une signification culturelle à la violence féminine, et que l'on est là dans une élaboration plus pertinente que les éternelles allégations d'une nature violente féminine.

Pour finir, je convoquerai les Amazones, que l'on attendait sans doute dans un panorama des femmes violentes. Violentes, elles le sont, mais d'une violence guerrière typiquement masculine : les hommes qu'elles soumettent ont été vaincus au combat. Leur statut sexuel est ici plus intéressant à rappeler : elles ont en effet la libre disposition de leur corps, elles restent vierges ou elles choisissent leur partenaire masculin pour avoir des filles. Le mariage comme la défaite militaire marquerait leur disparition et si les Amazones sont le cauchemar de l'imaginaire civique grec, c'est bien en raison de leur autonomie par rapport au monde des hommes. Autonomie qui se lit aussi dans le domaine de la violence subie, les Amazones ne se font pas violer mais elles se laissent parfois séduire et apprivoiser[31], une manière de dire l'étrangeté de ces belles étrangères face au monde des cités.

NOTES

1. Homère, *Hymne à Déméter.*
2. M. Andronikos, « Vergina II, "taphos tes Persephones", Athènes » : *Archaiologische Hetaireia,* 1994.
3. F.I. Zeitlin, « Configuration of Rape in Greek Myth », *in Rape,* S. Tomaselli et R. Porter ed., Oxford, 1986, pp. 122-151. A. Stewart, « Rape ? », *in Pandora,* E.D. Reeder ed., Baltimore, 1995, pp. 74-90.
4. A. Cohen, « Portrayals of Abduction in Greek Art : Rape or Metaphor ? », *in Sexuality in Ancient Art,* N.B. Kampen ed., Cambridge, 1996, pp. 117-135.
5. M. Detienne, « La violence au féminin », Annuaire de l'EPHE Vᵉ section, Paris, 1977, pp. 279-280.
6. M. Detienne, « Violentes Eugénies », *in La Cuisine du sacrifice en pays grec,* M. Detienne et J.-P. Vernant éd., Paris, 1979, pp. 183-214.
7. Elien, fr. 44 Hercher.
8. Pausanias IV, 17, 1.
9. J.-P. Vernant, « Le Dionysos masqué des *Bacchantes* d'Euripide », *Mythe et Tragédie Deux,* Paris, 1986, pp. 237-270.
10. M. Detienne, « Les Danaïdes entre elles. Une violence fondatrice du mariage », *in L'Écriture d'Orphée,* Paris, 1989, pp. 41-57. N. Loraux remarque que les Danaïdes donnent à leur maître le nom de *daiktor,* non point « ravisseur » comme on le traduit habituellement mais bien « déchireur », *in Façons tragiques de tuer une femme,* Paris, 1985, p. 36.
11. M. Detienne, « La panthère parfumée », *in Dionysos mis à mort,* Paris, 1977, pp. 49-132.
12. Le résumé ici donné ne rend pas compte de la complexité des mythes autour d'Atalante ; voir le travail de M. Detienne cité ci-dessus.
13. P. Schmitt Pantel, « Athéna Apatouria et la ceinture : les aspects féminins des Apatouries à Athènes », *Annales ESC,* 1977, pp. 1059-1073.
14. A. Cohen, art. cit. note 4 et A. Paradiso, « Violenza sessuale, hybris

e consenso nelle fonti greche », *in Vicende e Figure femminili in Grecia e Roma*, a cura di R. Raffaelli, Ancône, 1995, pp. 93-109.

15. S.G. Cole, « Greek Sanctions Against Sexual Assault », *Classical Philology*, 79, 1984, pp. 97-113. D. Cohen, *Law, Sexuality and Society*, Cambridge, 1991 ; D. Cohen, *Law, Violence and Community in Classical Athens*, Cambridge, 1995.

16. Plutarque, *Vie de Solon*, 23 : « Pour avoir enlevé et violé (mot à mot : user de violence, *biazestai)* une femme libre Solon n'imposait qu'une amende de cent drachmes. » A.R.W. Harrison, *The Law of Athens, The Family and Property*, Oxford, 1968.

17. Un *apétairos* est un homme qui n'appartient pas au groupe politique de base qu'est l'hétairie à Gortyne.

18. Code de Gortyne, colonne II, lignes 2 à 16. Traduction H. Van Effenterre et F. Ruzé, *in Nomima II*, Paris, 1995. Un statère d'argent vaut quatre drachmes (dans le système attique).

19. Rappelons que la société grecque étant une société de la bisexualité, les agressions sexuelles peuvent concerner les deux sexes et qu'il est normal que le législateur légifère dans ces deux domaines. Voir E. Cantarella, *Selon la nature, l'usage et la loi (la bisexualité dans le monde antique)*, Paris, 1991.

20. Eschine, I, *Contre Timarque*, 15.

21. A. Paradiso, art. cit. note 14, pp. 97-98. Les verbes *biasthai* et *biazesthai* mettent en avant la violence physique, les verbes *ubrizein, aischunein, atimazein* indiquent la honte subie par la victime.

22. C. Sourvinou-Inwood, « A Serie of Erotic Pursuits : Images and Meanings », *Journal of Hellenic Studies*, 107, 1987, pp. 131-153.

23. Comme le montre très précisément A. Cohen, art. cit. note 4. L'analyse qui suit est empruntée à son article.

24. C. Bérard, « Iconographie, iconologie, iconologique », *Études de Lettres*, 4, 1983, pp. 5-37. Il est difficile de suivre l'auteur quand il écrit : « Implicitement l'imagerie condamne les comportements hybristiques, puisque, on le sait du moins pour la tradition légendaire, les violents, les violeurs, Achille, Ajax, Néoptolème et autres bouchers seront punis et expieront leurs crimes » (p. 22). L'interprétation de cette scène comme « mise en garde » est récusée par I. Manfrini, « Femmes à la fontaine : réalité et imaginaire », *L'Image en jeu*, Lausanne, 1992, pp. 127-148.

25. Parmi les récits de suicides de jeunes filles, dont la cause n'est pas explicite, l'histoire des jeunes filles de Milet : Plutarque, *Vertus de femmes*, 249 c-d.

26. N. Loraux, *Façons tragiques de tuer une femme*, op. cit.

27. Plutarque, *Vertu des femmes*, 244 e *sq.*

28. *Ibid.*, 247c.

29. Hérodote VI, 77 et 83. Plutarque, *Vertu de femmes* 245 c sq. Pausanias II, 20, 8-9.

30. P. Schmitt Pantel, « L'âne, l'adultère et la cité », *in Le Charivari*, J. Le Goff et J.-C. Schmitt éd., Paris, 1981, pp. 117-122.

31. Hérodote, IV, 110-117 : sur les Amazones de Scythie.

DOMINIQUE GODINEAU

Citoyennes, boutefeux et furies de guillotine

Évoquer la violence pendant la Révolution française semble une évidence. Pour beaucoup, la Révolution n'est pas seulement violente, elle est violence. Violence sur les corps, violence des comportements et des sentiments, violence institutionnelle, violence de la reformulation du lien social et politique, violence des peurs engendrées, etc.

Évoquer la violence des femmes pendant la Révolution, leur férocité semble aussi une évidence. Quelle image incarne mieux la violence sanguinaire de la Révolution que celle des tricoteuses installées devant la guillotine ? La tradition contre-révolutionnaire se plaît à souligner cette violence féminine, tendant ainsi à montrer que la période a provoqué, ou accentué, une violence spécifique des femmes, notamment des femmes du peuple. L'enjeu est clair : une révolution qui rend les femmes aussi violentes, féroces, qui les dénature (car leur « nature » est douce), qui en fait des monstres est elle-même un monstre politique. Les mêmes souligneront parallèlement la violence exercée sur les femmes (nobles, religieuses).

La tradition pro-révolutionnaire est le plus souvent muette à ce sujet : silence révélateur de la gêne provoquée par cette question, comme si la violence, la sauvagerie des femmes, celle qu'incarnent les tricoteuses, était un « dérapage », une « bavure » dont on ne sait que faire, que l'on ne nie pas mais que l'on n'étudie pas non plus, que l'on préfère ignorer ou mettre sur le compte de l'exagération.

Même silence gêné du côté de l'historiographie « féministe » qui dégage des figures positives de femmes participant à la Révolution et se battant pour leurs droits : des citoyennes qui subissent la violence institutionnelle d'une Révolution leur refusant les droits politiques et se retournant même parfois contre elles — Olympe de Gouges ou Mme Roland guillotinées. Mais des tricoteuses et de la violence des femmes il n'est pas question. Alors, qu'en est-il ?

La lecture des archives[1] donne une impression première très prégnante de violence féminine. Elle semble omniprésente, partout, dans leurs mots, leurs cris, leurs actes, leurs sentiments politiques. Elle impressionne, à tel point que la question semble réglée : oui, les femmes — ou plutôt des femmes, des militantes — ont bien été violentes, parfois même féroces ; oui, la tricoteuse semble bien avoir eu une existence réelle.

Que faire de cette violence ? La constater ne suffit pas. La mesurer à l'aune de la violence masculine (les femmes ont été plus ou moins violentes que les hommes) n'a qu'un intérêt limité. Peut-être faut-il d'abord tenter de dépasser l'impression car, à y regarder de plus près, elle se révèle trompeuse : les exemples d'actes de violence spécifiquement féminine, s'ils existent, ne sont en effet pas aussi abondants qu'une première lecture le laisserait supposer. Pourquoi donc cette impression de violence ? D'où provient-elle, qu'est-ce qui la construit ? La question est d'autant plus nécessaire à poser que l'impression est pour ainsi dire double. D'un côté, celle transmise par la « mémoire collective », qui associe femmes et violence dans l'image de la tricoteuse. De l'autre, celle qui assaille l'historien dans les archives. Et les réponses aux questions posées ne sont pas dans les deux cas nécessairement les mêmes car il s'agit d'un côté de s'interroger sur l'attitude de l'historien face à ses sources et de l'autre sur la construction de la mémoire et ses enjeux.

Temps et formes de la violence dans les archives

Travailler sur la violence des femmes pour en dégager la spécificité nécessite dans une certaine mesure de l'isoler. Le risque est alors grand d'oublier le contexte et d'attribuer aux seules femmes une violence qui serait celle de tous. N'y aurait-il pas supercherie à penser, à rechercher dans les archives, puis à présenter la violence des femmes pendant la Révolution en ignorant d'une part la violence révolutionnaire, celle de la période, celle que l'on trouve dans les dossiers politiques d'hommes comme de femmes, et d'autre part la violence féminine d'ordre privé, celle qui, bien antérieure à la période révolutionnaire, pousse régulièrement des femmes à venir se plaindre devant le commissaire de police d'une voisine qui les a brutalement agressées, à coups de sabot ou en leur promettant la mort (« il fallait qu'elle lui crève le ventre », qu'elle « lui mange le cœur sur le gril ») ? Rappeler cela nous ramène au questionnement sur la mémoire : pourquoi, dans la violence révolutionnaire, avoir privilégié la violence féminine ? et pourquoi avoir gardé la mémoire de la violence publique et politique des femmes pendant la Révolution et non celle de la violence, qu'elle soit privée ou publique, des femmes avant la Révolution ?

Autre mise en garde à laquelle on ne peut échapper : l'historien va trouver traces de la violence féminine dans des archives qui sont fréquemment celles de la répression et qui sont écrites par des hommes. Archives de la répression qui bruissent de violence, de gestes et de propos sanguinaires, dont on accuse en l'an III (1795) les partisans de la Terreur, les « terroristes » de l'an II (1793-1794), hommes et femmes. Archives écrites par des hommes, des policiers : c'est à travers l'écran de leur regard, de leurs mots, de leurs représentations (des femmes, du peuple, des émeutiers), de leurs préoccupations que nous percevons la violence révolutionnaire des femmes, sous une forme dont on peut supposer qu'elle comporte alors une part d'exagération ou de déformation.

Cela dit, on peut tenter de cerner les différentes formes de la violence révolutionnaire féminine, telle qu'on la lit dans les archives.

On ne s'attardera pas sur les coups et les invectives échangés entre deux femmes d'opinions politiques différentes. Cette violence individuelle n'est que « l'événement "dispute entre femmes"[2] » transposé dans le cadre de la Révolution. Anecdotique, elle n'attire aucun commentaire particulier des autorités, fait le plus souvent rire les hommes, qui n'interviennent pas, si ce n'est parfois pour soutenir verbalement celle dont ils partagent les opinions. Que le sujet de la dispute soit politique importe peu ; elle reste une « dispute entre femmes », qui appartient à leur monde et qui fait dire aux hommes avec un haussement d'épaule méprisant que « les affaires de femmes ne les regardent pas ». Individuelle, elle ne dérange pas l'ordre, ni celui du masculin/féminin ni celui de la Révolution.

Il en va tout autrement dès que la violence féminine s'inscrit dans un cadre collectif. Lors de plusieurs moments révolutionnaires apparaît sur la scène publique, et dans les archives, un groupe spécifique, « les femmes », présenté comme porteur d'une violence collective qui ne fait plus rire.

C'est d'abord la violence des femmes dans la foule ou celle des foules de femmes, dans les périodes de crise ou les journées insurrectionnelles. Violence traditionnelle des émeutières, bien connue et attendue par tous. Violence instigatrice, originelle : on sait par expérience que, dès que la situation se tend, « les femmes » peuvent « commencer le mouvement », pousser à la formation de la foule et à l'émeute : « Il y en a dans les femmes surtout qui sont terribles, et vous savez comme moi [...] que l'on a plusieurs exemples de révoltes excitées par des femmes » (1790) ; « les femmes commenceront le mouvement [...]. Les hommes viendront à l'appui des femmes » (1793) ; « nous ne pouvons nous dissimuler que dans les moments orageux qui ont troublé cette commune, les femmes ont joué le rôle de boutefeux » (1795). On pourrait multiplier ce type de constatations émises par les autorités comme on pourrait multiplier les exemples de groupes de femmes provoquant effectivement l'insurrection, par leurs actes (manifester, sonner le tocsin, s'en prendre aux autorités, forcer les passants à les suivre, etc.) ou, plus souvent encore, par leurs paroles. Ce rôle social et politique de la violence féminine qui déclenche l'émeute se retrouve, avec plus ou moins de force, lors de toutes les grandes « journées révolutionnaires », mais il est particulièrement net lors des journées des 5 et 6 octobre 1789 et au printemps 1795, avant et pendant l'insurrection des 1er-4 prairial an III (20-23 mai 1795). Et il ne s'agit pas alors seulement de femmes mises tactiquement aux premiers rangs de la foule parce qu'elles ont moins à craindre la répression, mais de groupes de femmes, perçues comme un ensemble particulier qui joue un rôle de « boutefeu ».

Leur violence, surtout verbale, est décrite par les autorités comme provocante : les femmes provoquent, excitent (les hommes, la rébellion, la violence, l'effervescence), ce sont des « boutefeux » (qui allument). On ne peut s'empêcher de s'interroger sur ce vocabulaire : est-ce vraiment un hasard si les mots utilisés pour décrire la violence féminine insurrectionnelle appartiennent aussi au domaine sexuel ? Ne peut-on entr'apercevoir, derrière, une autre forme de réalité sociale ?...

Les femmes provoquent. Les femmes humilient. Elles humilient les hommes en les traitant de lâches de ne pas se révolter. Elles humilient les autorités par la violence de leurs sarcasmes, de leurs rires moqueurs, par leur acharnement à ne pas les respecter, à les ridiculiser aux yeux de tous. « Se torcher le derrière avec le billet de garde » de son mari après avoir levé ses jupons en pleine rue ou le déchirer narquoisement sous le nez du commandant, poursuivre tous les jours les commissaires « jusque dans leur asile » : autant de gestes qui contribuent, avant l'insurrection de Prairial, à saper l'autorité. Et le 1er prairial au matin, alors que l'insurrection enfle dans Paris, dans la Convention assiégée les « ris ironiques » des femmes des tribunes se mêlent à leurs « cris séditieux » lorsque le président leur déclare qu'il mourra « plutôt que de ne pas faire respecter la Convention » ou lorsque des mesures sont votées contre les insurgés. Ces rires de « mégères » perforent le procès-verbal de la séance[3] et balaient grandeur, dignité, assurance pour mettre à nu la peur des députés.

Du commissaire de quartier au député, ils seront plusieurs après l'échec de l'insurrection à demander que les femmes soient punies pour leurs « vexations », leurs « injures », leur « morgue ». Et, en contre-jour, leurs mots et leur désir de revanche laissent aisément deviner la peur et l'humiliation d'avoir vu leur autorité réduite à néant. Une humiliation redoublée du fait qu'elle a été infligée par des femmes. On atteint là les limites de ce que le pouvoir peut accepter, tolérer de la violence féminine. Et la (toute relative) indulgence traditionnelle dont bénéficient les femmes est alors levée.

Le 1er prairial, pour faire taire les rires et les cris qui, avant même les insurgés, ont envahi la Convention, les députés font chasser les femmes des tribunes à coups de fouet de poste. L'épisode ne semble pas alors avoir choqué : il n'est quasi jamais évoqué par les témoins, ni le jour même ni par la suite. Parce que donner le fouet aux femmes serait de l'ordre de l'acceptable par tous et toutes, non perçu comme un acte de violence digne d'émoi ? Alors que faire couler le sang des femmes relèverait de l'inacceptable, témoignage de la barbarie des autorités et justifiant la rébellion contre elles ? Qu'une insurgée soit blessée à la main par le sabre d'un gendarme et, aussitôt, la rumeur déforme l'incident (les gendarmes « sabrent » les femmes, leur coupent les bras, un député a tranché le poignet d'une femme...) et les militant(e)s poussent les hommes à prendre les armes en assurant que l'on tue les femmes à la Convention. Lorsqu'elle dépasse un certain seuil, la violence exercée physiquement contre les femmes peut se retourner contre le pouvoir.

Interdire l'espace politique

Les réactions à la violence des femmes ne se limitent pas aux coups de fouet ou de sabre. Et ce ne sont pas seulement la peur et l'humiliation qui en 1795 lèvent la traditionnelle indulgence face à la traditionnelle violence des émeutières. Car la

Révolution n'est pas tradition, et il faut ici revenir au contexte : celui de la création d'un espace politique nouveau, un espace public démocratique où les femmes n'avaient pas été conviées mais qu'elles ont néanmoins investi depuis les débuts de la Révolution. Un espace où elles n'occupent pourtant pas la même place que les hommes puisque, bien que nommées citoyennes, se sentant et agissant en citoyennes, elles ne possèdent pas les droits politiques du citoyen (voter et faire partie de la garde nationale). Ces droits bouleversent évidemment l'ordre traditionnel des choses ; et leur distribution inégalitaire développe un nouveau rapport du masculin et du féminin dans la cité. Il faut rappeler que, si la violence des femmes a sa place et son utilité dans l'insurrection, elle n'est pas armée, à la différence de la violence des hommes qui, eux, en tant que citoyens, sont organisés en corps armé. Ce dimorphisme est flagrant en prairial an III[4] : alors que les femmes envahissent les archives au début de l'insurrection (le 1er prairial est parfois appelé « la journée des femmes ») ou à la fin (pour délivrer un prisonnier ou prôner la résistance), elles en disparaissent quasi totalement lorsque le principal acteur est le peuple souverain délibérant dans ses assemblées et pointant ses canons sur la Convention.

Mais il ne faudrait pas se tromper et lire le féminin comme relevant du seul traditionnel, car la violence des insurgées est mise au service d'une parole politique. Le mot d'ordre de Prairial est « du pain et la Constitution de 1793 » : « Le pain est à la base de leur insurrection physiquement parlant, mais la Constitution en est l'âme », écrit un policier. Et les militantes présentes dans la foule ont des revendications politiques très précises.

Or, ce sont elles qui sont le plus touchées par la répression qui suit l'échec de l'insurrection — échec qui marque la fin de l'intervention massive des femmes, et du peuple, dans la Révolution. Mais elles le sont au nom de la violence collective des femmes en Prairial, qui permet de mettre de côté « les égards qu'on a pour la faiblesse de leur sexe » (décret du 4 prairial) de façon à pouvoir poursuivre celles qui ont eu une activité politique en l'an II, qu'elles aient ou non pris part à l'insurrection — alors que les autorités font finalement preuve d'indulgence envers celles dont la violence est mise au compte d'un « égarement » dû à la faim[5]. Quatre décrets répressifs touchant les seules femmes sont votés par les députés en prairial ; les raisons évoquées concernent leur rôle pendant l'insurrection, mais c'est bien la pratique politique féminine révolutionnaire, celle développée par des citoyennes exclues de la citoyenneté, qui est visée : interdiction de pénétrer dans les tribunes de la Convention, d'assister à toute assemblée politique (« où elles n'ont rien à faire et où elles ne peuvent mettre que le trouble »), de s'attrouper dans la rue à plus de cinq. La répression contre les femmes conjugue, sans qu'il soit toujours possible de les séparer, réactions contre la violence féminine insurrectionnelle, volonté d'en finir définitivement avec l'an II et la sans-culotterie parisienne (hommes et femmes) et hostilité à l'intervention des femmes dans l'espace politique.

Ce n'est pas la première fois que le pouvoir utilise la violence féminine comme repoussoir pour exclure les citoyennes de l'espace politique révolutionnaire. En septembre 1793, alors que le contexte est favorable à une ouverture de cet espace aux femmes, la sans-culotterie féminine lance une campagne pour que le port de la cocarde, obligatoire pour les hommes, le soit également pour les femmes, ce qui conduirait à leur reconnaître une existence politique. Pendant qu'une pétition circule dans les sociétés populaires, les échauffourées entre les « jacobines » et les « poissardes » qui refusent la cocarde, symbole de citoyenneté réservé aux hommes[6], se multiplient dans les rues de Paris. La violence entre femmes prend une telle ampleur que la Convention décrète son port obligatoire. Collective, cette violence n'est plus du tout perçue comme celle de simples « disputes entre femmes » qui ne concerneraient pas les hommes. D'autant que le conflit n'est pas provoqué par une divergence d'opinions individuelles, mais touche à une reformulation du rapport politique masculin/féminin, et donc à la construction de tout l'ordre de la cité. Le décret sur la cocarde affole littéralement quelques hommes : les femmes vont maintenant prendre leur place, leurs armes, leurs droits, voire leur liberté et leur

40

vie[7]. Qu'on ne s'y trompe pas : ce n'est pas la violence féminine qui provoque ces angoisses irraisonnées, mais bien la pensée d'une hypothétique égalité des droits politiques, vécue comme une source de chaos et de destruction (de la Révolution, de la société, des hommes). Et c'est par la violence institutionnelle qu'on va tenter d'y mettre fin et revenir à l'ordre traditionnel, en s'appuyant sur la violence des femmes entre elles. Lorsqu'en octobre 1793, dans un contexte beaucoup moins favorable aux femmes, une rixe très violente éclate entre le club des Citoyennes républicaines révolutionnaires et les dames de la Halle, les députés se saisissent immédiatement de l'affaire pour interdire tous les clubs de femmes, et poser la question plus générale de la place sociale et politique des femmes dans la cité révolutionnaire. La hantise — qui court du début à la fin de la Révolution — de voir les femmes armées est mise en avant : cette violence-là, attribut de la masculinité comme de la citoyenneté, doit rester exclusivement du côté du masculin. En prenant comme prétexte la violence des femmes qui trouble l'ordre public, c'est l'ordre politique que l'on entend préserver par la violence institutionnelle faite aux femmes.

Les voix enrouées des tricoteuses

« Hurlements affreux », « cris de fureur », « clameurs forcenées », « vociférations atroces », « glapissements », « aboyements »... La « voix si douce » des femmes, leur « babil aimable[8] » n'ont pas laissé leur trace légère et aérienne dans les archives. Y pèsent plutôt ces sons épouvantables, qui ne sont d'ailleurs même pas émis par des femmes mais par des furies, des harpies, des mégères. N'y a-t-il pas là aussi violence, violence langagière faite aux femmes dans ces descriptions, singulièrement monotones en 1795 ? Et singulièrement efficaces. Car c'est de la violence répétitive de ce vocabulaire que provient en grande partie l'impression évoquée plus haut de violence féminine : à lire et relire que les furies de guillotine vocifèrent, l'historien est nonchalamment conduit, sans même s'en apercevoir et sans y opposer aucune résistance méthodo-logique, à associer les femmes à la violence.

À une violence avant tout verbale et vocale, qui s'inscrit dans plusieurs registres. Je laisserai volontairement de côté les pro-pos sanguinaires que les militantes sont accusées d'avoir tenus. Dans un premier temps, leur outrance, leur sauvagerie exotique attirent pourtant ceux qui cherchent la violence des femmes : « elle voulait le sang des traîtres », « elle allait se mettre dans le sang jusqu'aux genoux », « elle ne parlait que de couper et tailler des têtes », « ceux qui s'opposaient aux sans-culottes, elle voulait avoir leur cœur à manger »... Il est impossible de mesurer le degré de véracité de ces propos, qui sont tous rap-portés dans les dénonciations qui suivent l'échec de l'insurrec-tion de Prairial. De plus ils ne distinguent pas particulièrement les citoyennes : c'est alors un lieu commun de les attribuer aux anciens « terroristes », hommes comme femmes, suivant une stratégie visant à en faire des « buveurs de sang[9] ». Ajoutons enfin que cette outrance verbale se retrouve dans des conflits privés, qui n'ont rien à voir avec la Révolution.

Il me paraît en revanche important de souligner que la voix des femmes a tenu une fonction bien particulière dans les conflits révolutionnaires. Bien plus que physique, la violence féminine (pré)insurrectionnelle est verbale et vocale : c'est prin-cipalement par leurs voix que les citoyennes jouent leur rôle de boutefeux, appellent les hommes à la révolte, puis à ne pas céder, provoquent, humilient, etc. Ces voix, perçues comme une forme spécifique de la violence féminine, semblent avoir envahi l'espace urbain révolutionnaire. Pour signaler que, après Prai-rial, le peuple révolutionnaire est définitivement hors de combat et que l'ordre règne, les policiers insistent sur la qualité du silence qui plane dans les rues de la capitale : « silence des femmes », « les femmes se taisent », « on ne les entend plus », « elles sont devenues muettes »...

Ces voix de femmes avaient résonné désagréablement aux oreilles de leurs adversaires, pour qui elles n'étaient que « cris » et « vociférations ». À titre d'hypothèse[10], j'avancerai que les élites développent au XVIIIᵉ siècle une nouvelle sensibilité audi-

tive : le bruit, le tumulte, la violence orale, perçus négative-
ment, sont associés au peuple et, au moins pendant la
Révolution, plus particulièrement aux femmes du peuple. Les
descriptions globales des archives ne nous donnent à entendre
qu'un brouhaha violent, à peine humain qui, par la façon dont
il est présenté, semble plus gêner par sa consistance que par
son contenu, très rarement évoqué. Et il faut se tourner vers
les interrogatoires individuels des femmes arrêtées pour avoir
participé à ce brouhaha pour se rendre compte que, derrière ce
bruit informe, il y a en fait des revendications construites et
raisonnées qui s'appuient sur le droit déclaré par la Révolution :
une parole politique, un logos. Mais une parole et une intelligence déniées par des descriptions qui en font des cris sauvages.
Le discours ne peut appartenir aux femmes du peuple, elles ne
peuvent émettre que du bruit. Le pouvoir et les autorités font
montre d'une réelle violence politique en réduisant ainsi une
parole politique à un bruit informe, et en refusant par là même
aux femmes du peuple le statut d'êtres parlants, d'êtres politiques[11].

Ne retenir que la violence vocale comme source de déplaisir
pour un sens, l'ouïe, c'est cacher l'autre (la principale ?) raison
de l'insupportabilité de ces voix de femmes : que des citoyennes — et non des furies ou des harpies — aient une parole dans
un espace politique. Et ce n'est certainement pas un hasard si
la violence de la description n'est jamais aussi forte que lorsque
ces voix résonnent dans l'enceinte de la Convention, lieu politique par excellence. Ce que les témoignages indignés présentent
comme les cris informes de la foule, « les vociférations des
furies de guillotine » recouvrant le discours des législateurs, est
susceptible d'une autre lecture, celle qu'en donnent d'ailleurs
les rares témoignages des insurgé(e)s : le Peuple souverain,
représenté ici par les citoyennes des tribunes, reprend la parole
à des mandataires infidèles.

En ce sens, il n'est pas sans intérêt de préciser que les tricoteuses, celles qui plus tard vont symboliser la violence et la
férocité féminines, désignent pendant la Révolution les femmes
qui se rendent, non pas devant la guillotine, mais dans les tribu-

nes de la Convention, et que la première définition qu'en donne un dictionnaire [12] est la suivante : « Postées, dans les tribunes, elles influençaient, de leurs voix enrouées, les législateurs assemblés. » Et sur une caricature de l'an III, c'est la langue écarlate d'une tricoteuse qu'avale avec délice un grand Diable.

Furies de guillotine, férocité et citoyenneté

On l'a dit en commençant : les tricoteuses sont, dans la mémoire, le symbole de la violence sauvage et sanguinaire des femmes révolutionnaires. On vient de le rappeler : le mot *tricoteuses* n'évoque pas pendant la Révolution la guillotine, et ce qu'on reproche alors aux militantes n'est point tant leur violence que leur engagement dans l'espace politique. Bien entendu cet engagement peut prendre des aspects violents ; mais, surtout, il est lui-même perçu comme une forme de violence désorganisatrice de l'ordre social et politique. Et la femme qui a pénétré dans l'espace politique, la tricoteuse dans son acception révolutionnaire, est présentée comme autant, si ce n'est plus, dénaturée, déplacée, monstrueuse et dangereuse que celle qui se délecte prétendument à la vue du sang — la tricoteuse de la mémoire. Que la mémoire ait fait glisser la tricoteuse des tribunes politiques au pied de la guillotine n'a finalement rien de bien étonnant, mais n'empêche pas qu'il faille pointer ce glissement.

On ne doit malgré tout pas évacuer aussi rapidement la question du lien particulier, établi dès la Révolution, entre femmes et guillotine. Si *tricoteuse* est alors associée aux tribunes des assemblées, l'appellation la plus courante en 1795 pour désigner les militantes reste « furies de guillotine ». Certes, le véritable culte pour la guillotine, fait d'une confiance quasi mystique dans cette « sainte » qui va sauver la Révolution, est partagé par des hommes et par des femmes, comme le sont les propos sanguinaires dont la valeur incantatoire n'est plus à démontrer. Mais des témoins indiquent que les femmes, « devenues féroces », seraient particulièrement nombreuses devant la guillotine ; et celles accusées plus tard d'avoir manifesté « une joie barbare » en voyant passer les charrettes des condamnés ne nient pas avoir assisté aux exécutions, « parce qu'elles étaient de bonne foi », ou pour « faire comme les autres ».

Plus que la violence, ce sont la férocité et la barbarie féminines qui sont pointées du doigt par les hommes. Deux questions se superposent ici. Ne m'intéresse guère celle qui consiste à comptabiliser, comparer et se demander qui, des hommes ou des femmes, ont été les plus nombreux, les plus joyeux, les plus féroces devant l'échafaud. Remarquons pourtant que, alors que l'on reproche aux femmes leur goût du sang, elles ne se signalent pas particulièrement au cours des différents massacres perpétrés pendant la Révolution à Paris : quelques-unes y ont probablement participé, mais à titre individuel, sans former de groupe « les femmes » ; elles ne se différencient pas non plus par un rejet spécifique ; les militantes les approuvent ou les assument politiquement. Cette remarque nous conduit à notre seconde question, qui concerne la mise en exergue, par des hommes, pendant et après la Révolution, de la férocité des femmes.

Que leur reproche-t-on au juste ? De ne pas correspondre à l'image que l'on a d'elles, de femmes douces et sensibles ? Mais, on le sait, les contours de l'image ne sont pas aussi bien tracés, aussi bien fixés. Si les observateurs de police remarquent pendant la Terreur que les femmes semblent ne pas se lasser du spectacle de la guillotine, ils notent également que ce sont toujours des femmes qui s'évanouissent à sa vue : soupçonnées d'être des aristocrates, elles se justifient en mettant en avant non pas leur sensibilité, mais ce qui, dans leur nature de femmes, les pousse à l'extrême, en fait des êtres de déraison (elles ont leurs règles ou sont enceintes). Ainsi, quoi qu'il en soit, le comportement féminin devant la guillotine est jugé excessif, trop violent, outrancier. Comme si les femmes ne pouvaient être de « simples » spectatrices ne manifestant ni joie barbare ni émotion excessive.

Arlette Farge montre bien [13], à propos des supplices d'Ancien Régime, à quoi sert la description masculine de la férocité fémi-

45

nine. Et il est évident que ces analyses doivent être reprises pour la période révolutionnaire. Mais, là encore, en ouvrant un espace politique, la Révolution change un peu la donne en ajoutant un sens supplémentaire. Instrument politique, la guillotine est pour les spectateurs — dont la majorité ne voit pas matériellement le sang couler — le symbole de la toute-puissance du peuple contre ses ennemis. Et son emploi politique transforme la foule d'individus massés devant l'échafaud en Peuple souverain formé de citoyens[14]. Or, pour des femmes exclues de la violence légale (garde nationale, tribunal révolutionnaire, etc.), être présentes lors d'une exécution est un des seuls moyens disponibles pour s'assurer de la puissance populaire, et même y participer symboliquement. De plus, se glisser dans les brèches ouvertes vers la souveraineté, montrer que l'on fait partie du Souverain même si l'on ne possède pas ses droits politiques est une caractéristique de la pratique féminine révolutionnaire. Il y aurait donc peut-être un enjeu, un sens particulier pour les femmes à être présentes devant la guillotine. Et un enjeu politique à y stigmatiser cette présence : on peut se demander si, derrière le reproche masculin de férocité, ne se cacherait pas aussi celui de vouloir partager la souveraineté, d'être des citoyennes. Une nouvelle fois, la question de la violence des femmes rejoindrait celle de leur place dans l'espace politique révolutionnaire.

Conclusion : description et mémoire

De la violence et des femmes pendant la Révolution : le sujet est loin d'être épuisé. J'aurais pu évoquer la violence physique faite aux femmes, suivre les articulations violence/courage (masculin)/férocité (féminine)[15]. J'ai préféré m'en tenir à la violence féminine révolutionnaire pour tenter de comprendre comment se construit le rapport femmes et violence pendant la Révolution, dans les faits et dans la perception, la description de ces faits, puis dans la mémoire : non pas analyser le degré de violence féminine mais rechercher pourquoi, à certains moments, elle est mise en avant pendant la Révolution et pour-quoi la mémoire l'a retenue.

On l'a compris : mon hypothèse est que ce rapport femmes/violence peut se déchiffrer avec une grille de lecture politique. D'abord, parce que les formes de la violence des femmes révo-lutionnaires sont souvent liées à leur exclusion des droits politi-ques, construites par le fait qu'elles occupent l'espace politique tout en étant exclues des organisations symbolisant la citoyen-neté. De plus, lorsque les observateurs, des hommes, insistent sur la violence et la férocité féminines, les soulignent, c'est le partage de l'espace politique entre les deux sexes qui est aussi en jeu : présenter ainsi les interventions des femmes est aussi moyen de les chasser de la construction politique pour les ren-voyer à la barbarie, la sauvagerie, l'informe.

Je ne voudrais pas pour autant gommer toute aspérité et pré-senter une image trop édulcorée, trop policée. Les femmes révo-lutionnaires ont bien été violentes. Elles ont crié. Ont promis la mort à leurs ennemis, l'ont parfois donnée, sont allées la voir. Ont fait peur. Comme les autres. Et quand les observateurs les décrivent comme porteuses d'une violence et d'une férocité particulières, si nous devons, nous, rechercher les ressorts de cette description, cela ne signifie pas que, eux, ne les ont pas brutalement ressenties et n'en ont pas été physiquement, et pas seulement politiquement, gênés. Il n'y eut pas deux niveaux de perception : refus de voir les femmes dans l'espace politique et sentiment de la férocité féminine se mêlent dans les descrip-tions faites par les contemporains. Là est la difficulté de l'ana-lyse et de l'écriture historiennes : avancer que le premier reproche fait aux femmes concerne leur existence politique et non leur violence, sans pour autant congédier le réel de cette violence et de sa perception.

La mémoire, construite par le récit historique, les fictions littéraires, les images, n'a pendant longtemps gardé trace que de cette violence, « oubliant » l'inscription des femmes dans l'espace politique. L'histoire du mot tricoteuse me semble de ce point de vue exemplaire : la guillotine remplace les tribunes publiques où s'exerçait le « droit de surveillance » du peuple souverain, le tricot remplace la parole[16], les furies de guillotine remplacent les citoyennes... et les femmes sont renvoyées hors du champ politique. L'histoire peut donc s'écrire sans elles. Là gît, à mon sens, la principale réponse aux questions posées au début de ce travail sur les tris effectués par la mémoire. La mémoire a su utiliser la violence des femmes pour cacher leur rôle politique, séparer la tricoteuse de la citoyenne et utiliser l'une contre l'autre. Puis, suivant ce que l'on avait à défendre, on a choisi la tricoteuse ou la citoyenne, les vociférations ou les pétitions, la sauvagerie ou l'action construite, le goût du sang ou la revendication des droits.

NOTES

1. Les sources dépouillées sont constituées pour l'essentiel de : 1) aux Archives nationales : série alphabétique du Comité de Sûreté générale (F[7] 4477 à F[7] 4575[53]), Commission militaire (W 546-W 548), rapports des observateurs de police de mars 1793 à fructidor an III ; 2) aux Archives de la préfecture de police : procès-verbaux des commissaires de police de 1793 à 1795 (AA 48 à AA 264)

2. Cf. l'article d'Arlette Farge dans le présent ouvrage.

3. *Moniteur universel*, n°s 244 et 245, 4 et 5 prairial an III (réimpression : t. XXIV, pp. 497-515).

4. Pour de plus amples développements, cf. D. Godineau, *Citoyennes tricoteuses. Les femmes du peuple à Paris pendant la Révolution française*, Aix-en-Provence, Alinéa, 1988, pp. 305-332.

5. 53 % des 123 femmes dont on connaît le motif d'arrestation ont participé à l'insurrection ; 42 % sont arrêtées pour leur seule activité antérieure. Les militantes qui ont eu un passé politique forment 55 % de l'ensemble ; cf. D. Godineau, *op. cit.*, pp. 334-341.

6. Les femmes des marchés refusent de porter la cocarde car, disent-elles, « la cocarde devait être portée par les hommes, qu'elles ne devaient ne s'occuper que de leur ménage et non des affaires du temps », « il n'y a que les putains et les jacobines qui la portent, qu'on leur donne des cartes de citoyennes, qu'elles en porteront » ; cf. D. Godineau, *op. cit.*, pp. 163-166.

7. Des propos en ce sens sont relevés par les observateurs de police en septembre et octobre 1793, des hommes assurant même dans un cabaret que les femmes armées allaient les égorger « au moment où ils n'y penseraient

pas » et que régnerait parmi elles « une Catherine de Médicis qui enchaîne-rait les hommes ».

8. Le ciel « ne leur donna pas une voix si douce pour dire des injures », Rousseau, *Émile ou de l'éducation*, Paris, Garnier-Flammarion, 1966, p. 483 ; « leur babil aimable perdrait à franchir le seuil de leur ménage », *Les Révolutions de Paris*, 1er-9 frimaire an II.

9. D. Godineau, « Buveurs de sang », *Dictionnaire des usages socio-politiques (1770-1815)*, fasc. 1, Paris, INALF-Klincksieck, 1985.

10. Cette hypothèse et les développements qui suivent sont l'objet d'un travail en cours.

11. J. Rancière, *La Mésentente. Politique et philosophie*, Paris, Galilée, 1995.

12. K. F. Reinhardt, *Le Néologiste français ou vocabulaire portatif des mots les plus nouveaux de la langue française*, *Supplément*, Paris, 1796. Sur le mythe des tricoteuses et l'histoire de ce mot, cf. D. Godineau, « La Trico-teuse : formation d'un mythe contre-révolutionnaire », *in L'Image de la Révolution française. Congrès mondial pour le bicentenaire de la Révolution* (dir. M. Vovelle), Oxford, Pergamon Press, 1989, t. III, et « Histoire d'un mot : *Tricoteuse* de la Révolution française à nos jours », *in Langages de la Révolution (1770-1815). Actes du 4e colloque international de lexicologie politique*, Paris, INALF-Klincksieck, 1995.

13. A. Farge, *La Vie fragile. Violence, pouvoirs et solidarités à Paris au XVIIIe siècle*, Paris, Hachette, 1986, rééd. Seuil, « Points-Histoire », 1992.

14. D. Arasse, *La Guillotine et l'imaginaire de la Terreur*, Paris, Flamma-rion, 1987.

15. En particulier en étudiant le discours sur les femmes-soldats, dont le courage est très explicitement présenté comme relevant du masculin : cf. D. Godineau, *Citoyennes tricoteuses...*, *op. cit.*, pp. 264-265.

16. Voir l'histoire de la tricoteuse Thérèse Defarge et de son tricot dans le roman de Dickens, *A Tale of Two Cities*, Londres, 1859, et son analyse dans D. Godineau, « La Tricoteuse : formation d'un mythe contre-révolu-tionnaire », art. cit.

DEUXIÈME PARTIE

SOCIÉTÉS CONTRAINTES, DÉPLACEMENTS POSSIBLES

DANIELLE HAASE-DUBOSC

Des vertueux faits de femmes
(1610-1660)

> *Je n'ay pas la mesme opinion que Thucydide,*
> *...touchant la vertu des femmes : pour qu'il*
> *estime, que celle-là soit la plus vertueuse, &*
> *la meilleure, de qui on parle le moins, autant*
> *en bien qu'en mal : pensant que le nom de*
> *la femme d'honneur doive estre tenu renfermé*
> *comme le corps, & ne sortir jamais dehors....*
> *& me semble que la loy ou coustume des*
> *Romains estoit très-bonne, qui portoit que les*
> *femmes, aussi-bien que les hommes, apres*
> *leur mort fussent publiquement honorées à*
> *leurs funerailles, des loüanges qu'elles*
> *auroient meritées.*
>
> Plutarque, *Les Vertueux Faits de femmes*

Prenons comme point de départ *une gravure* d'Abraham Bosse — celle de Jaël montrant aux spectateurs comment elle enfonça le clou dans le crâne du général chananéen, son impassible visage stoïque contrastant avec ceux des témoins que l'on voit en arrière-plan, remplis d'horreur et d'admiration — et *un discours* — celui du magistrat Olivier d'Ormesson racontant dans son *Journal* comment une très jeune fille de seize ans s'est débattue victorieusement contre ses ravisseurs qui voulaient à tout prix lui faire lâcher prise sur l'échelle qu'ils avaient apposée au mur du couvent où elle avait trouvé refuge[1]. Quelle a pu être l'utilité sociale de ces deux représentations et quelles sont les réalités qu'elles recouvrent ? D'une part, la femme violente est un *artefact* ; il s'agit d'une ambassadrice du divin, distanciée à souhait par l'histoire biblique ; sa qualité d'héroïne religieuse efface en quelque sorte l'horreur du geste criminel. De l'autre, la jeune fille violentée est une conséquence naturelle, dans le présent de la narration d'une histoire qui a eu lieu, de la conception traditionnelle du masculin et du féminin dont les rapports sociaux de sexe s'organisent selon l'axe répertorié (et souvent trop figé) des relations entre dominants et dominées. Les deux rendent service : l'image de la femme violente justifie la violence de la foi (au nom de laquelle il est licite, même pour une femme, de tuer) ; l'image de la femme violentée confirme la subordination sociale des femmes (et pour l'homme de loi, la nécessité de protéger les femmes contre les perturbateurs de l'ordre social).

Mais ces quelques remarques, quelle que soit leur portée générale, ne rendent pas compte de la spécificité historique de notre sujet et risquent ainsi de recouvrir et même d'oblitérer tout accès au « chemin des réalités » de celles qui vécurent la violence dans le contexte du premier XVIIᵉ siècle en France. Sans tenter de le caractériser ici, on rappellera que deux régentes, Marie de Médicis et Anne d'Autriche, lui ont donné un éclairage particulier, trop souvent oublié ; et que la politique et la pratique religieuse de la Contre-Réforme assignent aux femmes une place active dans le monde — plutôt que passive dans le cloître — permettant à celles-ci de se définir en dehors de la sujétion à laquelle leur « infériorité de sexe » les condamnait presque toutes[2].

On pose alors la question de la « vertu » des femmes dans les domaines de la politique, de la religion et des mœurs. On disait « vertu », mot dérivé de *virtus*, pour nommer les qualités masculines et publiques d'énergie morale et de courage militaire, de libéralité et de maîtrise de soi — et on se servait parfois du mot latin *fortitudo* pour situer la vertu dans une optique à la fois stoïque et chrétienne. Le mouvement d'opinion favorisant l'accès des femmes à ces vertus dépasse largement le cadre de la *Querelle des femmes* où les historiens de la littérature l'ont toujours cantonnée, traverse non seulement toute la littérature du temps (la meilleure et la pire), mais se retrouve aussi bien dans les jugements des contemporains sur les femmes que dans les procès plaidés aux parlements de France et les écrits des prêtres[3]. Nous y reviendrons.

Il se dégage de ce constat une problématique intéressante : car, à l'invariant d'une misogynie plus ou moins oppressante qui s'exerce à travers tous les âges, on peut opposer un moment précis (et limité dans le temps) où, dans un contexte donné, des hommes ont envisagé avec une certaine équanimité des rapports sociaux de sexe fondés sur l'appréciation de cette « valeur » féminine et un partage des pouvoirs qui ne cantonnaient pas les femmes exclusivement dans la domesticité.

Gardons-nous de croire que cet espace de liberté alors accordé aux femmes n'existait que dans les représentations et non dans la réalité, ou de le restreindre à un nombre infime de femmes : à l'époque où prolifèrent tant de discours sur l'égalité des sexes et sur les qualités dont sont capables les femmes précisément parce qu'elles peuvent surmonter la « faiblesse » de leur sexe (et sont donc plus « méritantes » que les hommes), ce sont bien des femmes — empêchées, il est vrai, de régner par la loi salique — qui ont néanmoins gouverné la France, présidé à la politique intérieure et extérieure avec leurs ministres, négocié les paix et dirigé les armées ; d'autres ont administré les affaires de leurs clans ou celles des établissements religieux dont elles étaient responsables ; d'autres encore ont eu à veiller à la gestion et à l'avancement de leurs familles ou à faire fructifier des commerces ; certaines ont développé à travers les salons littéraires et intellectuels de véritables ateliers de sociabilité et d'écriture mixtes : toutes ont tenté de bénéficier — dans des mesures diverses selon leurs conditions et leurs situations — d'un jugement social tempéré par un fort courant égalitaire qui s'opposait à une misogynie traditionnelle[4].

Qu'en est-il alors, pour les femmes, de la violence, des façons de se situer et d'être située dans la violence exercée par elles ou (le plus souvent) subie ? Et quels sont les liens qui rattachent l'imaginaire de la violence (représenté dans la gra-

vure) et le réel de la violence (transcrit dans le discours historique) ; la femme violente et la femme violentée ?

Si l'époque entière est violente — la guerre de Trente Ans
et les campagnes dévastées en témoignent tout autant que les
multiples transgressions du droit civil [5] —, elle ne l'est sans
doute pas plus qu'une autre. Ce qui la caractérise, c'est qu'elle
se conçoit dans la violence, se représente dans la violence.
Démarche qui s'inscrit dans l'esthétique et l'éthique baroque
dont on connaît la prédilection pour les représentations tout en
mouvement de situations extrêmes. Et dans de telles situations
(le plus souvent violentes), ce qui est à la fois ressenti et donné
à voir, c'est l'exaltation volontaire et passionnée d'un moi en
quelque sorte captivé par ses propres pouvoirs dramatiques de
représentation, et qui s'extériorise et « s'hypertrophie » selon
les codes de la libéralité et de la « générosité » de « l'être au
monde » baroque. Par les femmes aussi bien que par les hommes [6]. La violence des femmes et la violence sur les femmes
s'inscrit dans la fascination qu'exerce la violence en général sur
les contemporains : qu'elles soient violentes ou violentées, les
femmes se représentent (ou se font représenter) comme « constantes et courageuses », capables de présence d'esprit et de discernement. Ce sont sur ces mêmes vertus qu'elles seront jugées.

L'artefact de la violence exercée par les « femmes fortes »
et « les femmes héroïques » (les Amazones, les guerrières et les
femmes qui tuent au nom de la religion ou de la patrie) provoque un sentiment général d'admiration chez les femmes et chez
les hommes : comme si, dans la panoplie d'images de femmes
exceptionnelles, véritables « icônes au féminin », il existait à
la fois une revendication d'un « droit » féminin à la violence
lorsqu'elle est considérée « noble » (comme dans la guerre et
l'exercice du pouvoir) et sa légitimation [7].

Légitimation qui, dans les périodes de régence, était certainement jugée politiquement souhaitable par la société, dans la
mesure où elle servait à démontrer qu'il y avait consensus sur
le fait que la France pouvait être gouvernée par des femmes
pour des durées assez longues. Les très grandes dames du

royaume bénéficiaient comme les régentes d'un statut privilégié où à la différence des sexes venait s'ajouter la différence des rangs : que ces femmes-là aient souhaité encourager la production d'images valorisantes de « femmes héroïques » pour consolider leur pouvoir et leur statut social n'étonne guère. En 1645, début de sa régence, Anne d'Autriche fait décorer par Vouet sa chambre du Palais-Royal de tableaux d'« actions de femmes illustres ». L'on peut encore voir aujourd'hui à l'Arsenal le cabinet de Mme de La Meilleraye qui avait fait orner ce lieu de retraite de portraits de femmes héroïques du passé : ayant elle-même « l'âme guerrière », elle s'était entourée de figures féminines politiques et guerrières de l'Ancien Testament (Débora, Jaël, Judith et Esther), de la mythologie grecque (trois reines des Amazones : Hippolyte, Antiope, Penthésilée), de l'Antiquité (Sémiramis, Lucrèce, Portia, Pauline et Bérénice), et de l'histoire de France (Jeanne d'Arc et Marie Stuart). Ces images accompagnent les comportements de certaines femmes de la noblesse soucieuses, tout comme les hommes, de trouver à leurs actions des antécédents glorieux [8].

On a retenu la mémoire — souvent de façon scabreuse ou travestie — des grandes Frondeuses qui participèrent si activement à la lutte de l'aristocratie contre le pouvoir monarchique. Évoquons rapidement ici Mlle de Montpensier, son escadron de femmes et son armée qui attaquèrent et prirent Orléans en 1652 : elle commandait elle-même les troupes avec vigueur et succès. Dans ses *Mémoires*, elle nota que, dans cette circonstance comme ailleurs, le bons sens règle tout et que « quand on en a, il n'y a dame qui ne commandât bien des armées ». Et elle nomma individuellement chaque femme qui l'avait accompagnée, faisant état de la lettre de félicitations que son père Gaston d'Orléans leur envoya :

Monsieur leur avait écrit, après mon entrée à Orléans, des compliments sur leur bravoure d'avoir monté à l'échelle en me suivant, et au-dessus de la lettre il y avait mis : À mesdames les comtesses maréchales de camp dans l'armée de ma fille contre le Mazarin [9].

Rappelons — après Victor Cousin — Mme de Longueville fuyant les sept cents hommes mobilisés par Mazarin pour la capturer, qui tenta de s'échapper par mer, faillit se noyer, erra en Normandie, s'embarqua au Havre en habit de cavalier, reçut les honneurs souverains aux Pays-Bas où se trouvait l'armée espagnole, et rejoignit Turenne à Stenay — place forte de Condé — d'où elle continua à mener une faction de la Fronde. On connaît moins la duchesse de Châtillon, une des femmes « les plus intelligentes du royaume » (à une époque où l'on disait qu'il y en avait beaucoup), qui prit des risques considérables pour effectuer une réconciliation entre le parti des princes et le pouvoir royal, et comprit admirablement la stratégie et la tactique militaires [10]. Ces femmes et bien d'autres encore de moindre noblesse n'étaient nullement exclues de la guerre par les hommes : leur bravoure personnelle, leur capacité de commandement et leur désir de gloire (aussi bien que la poursuite d'intrigues et d'intérêts personnels et familiaux) leur étaient reconnus. Toutes n'étaient pas frondeuses. Mme de La Guette était femme d'épée, robuste et impavide : ses *Mémoires* montrent à quel point elle aimait la vie militaire et comment, tout en ayant dix enfants, elle participa activement aux campagnes et aux missions. Mme de Saint-Balmon « naturellement vaillante » (et très pieuse) conserva ses terres contre les armées du duc de Lorraine ; elle aurait tué ou « pris de sa main plus de quatre cens hommes ». Et certaines femmes du peuple, telle cette vieille femme qui se substitua à un jeune soldat pour mettre le feu à la galerie pendant le siège de Montauban, ou cette vendeuse de pommes qui se présenta à la brèche, eut le bras emporté et le porta elle-même au chirurgien, sont considérées tout aussi héroïques que les femmes « bien nées » : c'est le sexe ici qui prime et non la condition [11]. De manière générale, les « faits héroïques » de femmes sont très largement approuvés — Dubuisson-Aubenay, dans son *Journal des guerres civiles*, cite souvent la *Gazette de Paris* qui rapporte volontiers de tels incidents [12]. Somme toute, la violence des femmes est une « bonne violence » — au moins lorsqu'elle est anoblie par la guerre — quand elle sert à montrer les femmes dans un rapport d'égalité de vertu avec les hommes [13].

Et c'est parce que l'on pouvait considérer que « la vertu de l'homme et de la femme n'est qu'une même vertu [14] » que la même conduite « constante et courageuse » sera prisée, que l'on exerce la violence ou qu'on la subisse : les qualités requises dans le premier cas *débordent* en quelque sorte sur le second.

Les violences faites aux femmes sont quantitativement bien plus lourdes que les violences exercées par des femmes : elles sont d'un autre ordre. Elles s'inscrivent dans le tissu social et suscitent une mise en discours institutionnelle de la part des juristes et des théologiens, mais aussi plus largement dans les discours « culturels » : théâtre, romans, poésie, lettres. Le viol, la séquestration, l'enlèvement, la subornation des domestiques par les maîtres, les mauvais traitements, les volontés bafouées par le déni de l'injonction du consentement au mariage, et bien d'autres sévices encore sont largement discutés, commentés et souvent jugés inacceptables. Car la société qui accepte la subordination de la femme (comme de l'homme) aux intérêts de la famille intervient quand les violences faites aux femmes nuisent au bon fonctionnement de celle-ci. Les droits des femmes à avoir recours en justice contre la violence s'inscrivent d'abord dans ce contexte : mais la justice protège aussi la femme séduite par un homme de rang supérieur et la recherche de paternité permet l'octroi de pensions alimentaires et de dotation de l'enfant. Les femmes qui « résistent » à la violence bénéficient d'une écoute institutionnelle positive et sont par ce fait incitées à montrer leur « courage ». Ici, point de coupure radicale entre les comportements de femmes de la noblesse ou du peuple : les unes comme les autres sont capables de se battre avec la dernière énergie contre la violence qui leur est faite. Nous en trouvons des traces dans les textes historiques, les arrêts du Parlement, les journaux privés, les correspondances, les Mémoires et les gazettes. On peut comparer, à titre d'exemple, la conduite de Mme d'Ablège, séquestrée dans le château de Dieppe, qui tient tête à ses ravisseurs pendant de longues semaines, avec celle de Lisette, femme du peuple, de condition inconnue, en proie à un violeur qui tente de l'assassiner et qu'elle poursuit en justice. Les deux femmes se défendent par tous les moyens à leur disposition [15]. Mais résister à la violence ne prend pas toujours des allures si dramatiques : ainsi lors d'un procès, il est constaté qu'une femme n'avait pas consenti à son mariage, la preuve étant qu'elle avait été violentée par sa tante et qu'elle n'avait pas signé, sachant signer, son contrat. Ailleurs, une servante, fille d'une mendiante et d'un berger, signe un désistement de poursuite en paternité contre le fils de son maître mais, quatre jours après son accouchement, va en justice avec sa mère et déclare que le désistement « estoit nul, & qu'il avoit esté extorqué d'elle par force & par violence par son Maistre, auquel elle n'avoit pas pû resister [16] ». Les juges sont attentifs aux manifestations féminines de refus.

Dans les conseils que leur donnent leurs curés, les femmes trouvent aussi une confirmation de la conception de la femme forte et capable de jugement dans les situations extrêmes auxquelles elle se trouve confrontée. Un « cas de conscience » qui présente une femme qui cède au mariage à cause de menaces de violence est particulièrement intéressant. Le droit canonique permet au curé de déclarer que si cette femme était « une personne constante de son sexe », elle était capable de juger de la gravité des menaces : réellement menacée, elle avait eu raison de se rendre pour préserver sa vie. Tout mariage qui suit un rapt doit être annulé, le ravisseur doit être poursuivi et doit payer des dommages et intérêts [17].

L'énonciation « une personne constante de son sexe » nous fait réfléchir à l'impact des images héroïsantes de femmes capables de « vertu virile » dans la violence exercée ou (de loin le plus souvent) subie, sur l'immense majorité de femmes qui n'avaient aucun accès direct à ces représentations [18]. Quand un courant égalitaire est promu par les forces politiques et religieuses de la société, de telles images se diffusent pour ainsi dire par réfraction. Ce sont les magistrats et les prêtres, le droit séculier et l'Église, qui ont servi de relais aux femmes, dans la mesure où celles-ci pouvaient se voir (dans leurs regards posés sur elles) comme des participantes et non seulement des victimes. Et les hommes qui avaient à juger ou à conseiller ces femmes dans des cas de violence avaient, eux, accès à un climat culturel qui prônait l'indifférenciation de capacité des sexes, et l'admiration pour les femmes entreprenantes et indépendantes de volonté[19].

C'est donc ce climat culturel qu'il nous faut maintenant interroger. Nombreux sont ceux qui préconisent (ou qui acceptent) une égalité de capacité entre les hommes et les femmes en manifestant de l'indifférence à la question de la différence des sexes :

> *Ainsi nous confessons que de pareilles flammes*
> *Composent les Esprits des Hommes et des Femmes.*
> *Qu'un mesme Dieu forma les nostres et les leurs*
> *Sans qu'il ait fait les uns plus foibles ou meilleurs.*
>
> *Ouy, l'Ame, ce rayon de la grandeur suprême*
> *Par sa propre vertu fait son genre elle-même,*
> *Elle n'a point de Sexe, ou n'est masle qu'alors*
> *Que la gloire la porte à de nobles efforts*[20].

Cette indifférence à la différence ne s'accompagne d'aucune peur (de la part des hommes qui la proclament) d'une quelconque confusion entre les sexes, d'aucun sentiment de rivalité entre les hommes et les femmes[21]. Pour ceux qui se situent dans cette optique, la violence des femmes ne provoquera pas de réaction épouvantée devant la « mauvaiseté » d'un sexe irrationnel dont on doit contrôler les pulsions : elle sera appréciée selon des critères somme toute communs aux deux sexes.

C'est ainsi que lorsque la violence des femmes est jugée criminelle, les magistrats n'accusent pas la *nature* des femmes quand ils les condamnent. Dans le cas (exceptionnel) de la condamnation à mort d'une mère et d'une fille, d'Ormesson s'exprime ainsi :

... Le Parlement de Rennes [a] rendu un arrest bien solennel et remarquable contre deux dames de condition. La comtesse

61

de Vignoris et la marquise de Bussy d'Amboise, sa fille, [ont] eu les testes tranchées pour avoir fait mourir de sang froid le mari de cette dernière, nommé Palerme, fils d'un greffier de Lyon, par ce seul motif qu'elle en estoit dégoustée et que l'autre ne le jugeoit plus d'assez bonne maison ni digne de leur alliance pour le souffrir plus longtemps auprès d'elle en cette qualité[22].

Rien dans tout cela qui n'eût pu s'appliquer à des hommes. Dans les cas d'enlèvement menant au mariage contre la volonté des familles, la femme condamnée pour enlèvement par subornation ou séduction ne sera pas accusée en fonction de son sexe mais d'avoir agi contre la loi séculière tout comme un séducteur. Dans les deux cas, la sanction sera la même[23]. Et cela parce que le dimorphisme des rapports sociaux de sexe — que personne ne conteste ni en droit ni dans les coutumes — n'est pas basé à l'époque sur une différence de *nature* entre l'homme et la femme[24].

L'indifférence va (parfois) de pair avec une revendication de *l'absence* de différence des sexes qui se situe, elle, dans une perspective féministe : si « l'âme n'a point de sexe », si elle « fait son genre elle-même », une femme peut avoir un corps de femme mais une âme virile. Elle sera alors « un être d'exception ». Le statut de l'être d'exception dans la société des ordres du premier XVIIe siècle mériterait une analyse approfondie : disons brièvement ici que la société tout entière s'attache à découvrir ce qui étonne, émerveille, secoue le joug de la pensée normative et permet de nouvelles découvertes[25] : la femme d'exception, celle qui démontre sa capacité d'être dans un rapport d'égalité morale et effective avec l'homme, « émerveille » et remet ainsi en question la pensée traditionnelle sur toutes les femmes. Cette notion qui semble (à juste titre) paradoxale — on ne peut être une femme exceptionnelle que si l'on se distingue des femmes qui ne le sont pas — s'explique par le fonctionnement de l'argumentation baroque. Dans un premier temps, il s'agit de provoquer l'étonnement en présentant une exception à la règle qui gouverne la pensée sur les femmes en général.

Dans un second temps, la question de la vertu de toutes les femmes sera posée. « L'héroïne de cette période... est l'incarnation d'une dislocation fondamentale des attitudes morales traditionnelles [26]. »

Pour nous, la distance parcourue entre la notion de la femme d'exception — mise en scène ici par les femmes guerrières et celles qui ne cèdent pas à la violence — et la notion élargie, parce que fondée sur un attribut possible du sexe tout entier, de la personne « constante de son sexe » — marque (et délimite) l'espace de liberté dans lequel les femmes du premier XVIIe siècle pouvaient se définir comme sujet dans leurs vies, quelle que soit leur condition sociale [27].

C'est donc en empruntant le chemin de traverse de l'exception à la norme — mais il importe de comprendre comment il va en s'élargissant — que l'on peut commencer à saisir comment des femmes se sont emparées des images et des discours lorsqu'elles faisaient face à la violence, la leur et celles des autres. Les exemples que nous avons rapportés — parce qu'ils avaient d'une manière ou une autre été rendus publics — nous ont montré des femmes violentes ou violentées qui avaient la possibilité d'être socialement admises dans cet espace public où elles étaient « avec les autres », qu'elles aient participé à la camaraderie et l'amour de la guerre ou qu'elles aient bénéficié d'une écoute valorisante de la part de ceux qui leur portaient secours. Être avec les autres, trouver dans le regard des autres le respect qui permet une affirmation de soi, c'est déjà, pour les femmes, un triomphe. Qu'elles aient été représentées et qu'elles se soient représentées sous les couleurs éclatantes de cette gloire-là convient à la fois au goût du premier XVIIe siècle pour le triomphe acquis par la maîtrise morale et physique de soi et au désir profond des femmes pour l'égalité.

Mais qu'en est-il de celles dont nous n'avons presque aucune trace parce qu'elles sont tombées sous la coupe des hommes qui estimaient, comme Thucydide, « que celle-là soit la plus vertueuse, & la meilleure, de qui on parle le moins, autant en bien qu'en mal » ? Si l'époque est « féminocentrique », ou tout au moins fortement orientée vers une valorisation des femmes dans la sphère publique, le courant misogyne de la pensée française ne disparaît pas pour autant : il n'y a qu'à consulter l'*Alphabet de l'imperfection et malice des femmes... dédié à la plus mauvaise du monde*, d'Alexis Trousset, pour se rendre compte que la misogynie la plus violente du « vieux fonds gaulois » perdure. La femme y est apostrophée en des termes qui n'ont pas disparu et qui serviront encore pendant les siècles suivants.

Ce beau visage humain et ce corps brutal monstrent que tes attraicts [ô femme], tes allechements, et tes ruses feminines ne tendent qu'à des actions lasciues et brutales, et à des comportemens plus de brutes que de creatures raisonnables (6-7).

Le plus souvent, on fait silence sur le sort des femmes ainsi considérées par des maris qui leur font parfois subir les pires traitements. On trouve néanmoins des traces de leurs souffrances : lorsqu'elles demandent publiquement en justice la séparation de corps et de biens pour sévices, la violence dont elles sont l'objet et son cortège de douleurs se font entendre. Et, lorsque leur plainte n'est pas retenue et qu'elles sont renvoyées « vivre maritalement », les avocats savent que c'est peut-être la mort qui les attend. Ainsi, dans un procès plaidé au parlement de Provence, il est question d'une femme qui « ayant esté obligée de revenir chez son ennemy, fut trouvée morte incontinent apres, non sans soupçon qu'il y eut du faict du mary » et d'une autre encore, à Aix, où la femme, ayant exposé à la cour ses mauvais traitements, fut obligée de retourner dans la maison de son mari, qui l'assassina de quatre coups de couteau le lendemain [28].

De tels exemples sont nécessaires pour ne pas redoubler en quelque sorte le triomphalisme des discours de l'époque et déréaliser la violence subie par les femmes. Mais constatons aussi que lorsque *Les Vertueux Faits de femmes* de Plutarque deviennent la référence obligatoire de toute réflexion sur l'égalité morale et effective des sexes, la misogynie et ses effets sont mal considérés et même décriés. Dès le début du règne de

Louis XIII, malgré Trousset, les diatribes contre les femmes dénoncées comme des êtres mortifères et démoniaques deviennent anachroniques, voire ridicules[29]. Si l'invariant de la misogynie et de la subordination des femmes dans les rapports sociaux de sexe ne disparaît pas pendant le premier XVIIe siècle (il est facile de montrer qu'il existe toujours), il n'en reste pas moins qu'il est fortement remis en cause et qu'il ne paraît plus inéluctable[30]. Comprendre comment le courant égalitaire du premier XVIIe siècle a pu être élaboré lorsque la société l'a jugé utile — ce qui dépasse le cadre de cette étude — reviendrait à infléchir et nuancer toute pensée sur l'atemporalité des rapports sociaux de sexe fondés sur la violence de la domination.

NOTES

1. La gravure est d'Abraham Bosse, d'après C. Vignon, et se trouve dans *La Gallerie des femmes fortes*, de P. Le Moyne, 1647. Dans le cabinet de Mme de La Meilleraye (voir plus loin), Jaël, héroïne juive, est figurée en train d'enfoncer le clou à l'aide d'un marteau dans la tête de Sisara, le général cananéen. La lutte acharnée de la jeune fille, Mlle de Sainte-Croix, est décrite par O. d'Ormesson le 28 mars 1648, dans son *Journal*, I, pp. 470-471.

2. La nouvelle image positive de la femme, promulguée en particulier par saint François de Sales (*Introduction à la vie dévote*, 1608) et saint Vincent de Paul, a permis aux femmes, même mariées, d'avoir une haute idée de leurs capacités.

3. Le livre de I. Maclean, *Woman Triumphant : Feminism in French Literature, 1610-1652*, reste une base précieuse pour l'étude des représentations des femmes dans la littérature et l'art ; je lui suis redevable pour son analyse de la disparition de la *Querelle*, p. 63. J. DeJean, *Tender Geographies : Women and the Origins of the Novel in France*, poursuit, prolonge et approfondit l'étude des femmes et de la culture au XVIIe siècle.

4. I. Maclean a répertorié vingt-six livres publiés ou republiés en honneur des femmes entre 1640 et 1647 (pp. 76-77) : cette liste n'inclut ni les romans, ni le théâtre, ni la littérature religieuse. On consultera E. Viennot, *La Vie et l'œuvre de Marguerite de Valois : discours contemporains, historiques, littéraires, légendaires* pour le pouvoir politique des femmes au XVIe siècle ainsi que son article « Des "Femmes d'État" au XVIe siècle : les princesses de la Ligue et l'écriture de l'Histoire ». Le livre de L. Timmer-

mans, *L'Accès des femmes à la culture (1598-1715)*, donne de multiples informations sur la religion, l'éducation et les femmes. Pour le droit des femmes, voir J. Portemer, « La Femme dans la législation royale des deux derniers siècles de l'Ancien Régime » (pp. 441-457) et J. Gaudemet, « Législation canonique et attitudes séculières à l'égard du lien matrimonial au XVIIᵉ siècle » (pp. 15-30). Les intérêts de la famille sont prioritaires et la femme peut en bénéficier : même mariée, elle peut encore à l'époque être chargée par procuration d'agir en tant que chef de famille ou demander et obtenir une séparation de biens quand la situation économique de la famille est menacée. Veuve, elle n'est sous aucune tutelle.

5. Mme de La Guette, dans ses *Mémoires*, raconte les dispositions qu'elle prend pour mettre les filles et les femmes de son village à l'abri lorsque les Lorrains revinrent dans la Brie (1652). Pour la justice civile, mentionnons les commissaires du roi qui exécutaient ses décisions en province lorsque la justice ordinaire était défaillante : pendant les Grands Jours, les commissions enquêtaient. En 1634, au cours des Grands Jours de Poitiers, la commission demanda qu'on l'informe « en toute diligence des meurtres, assassinats, voleries, rapts, enlèvements, violements de filles et de femmes ». En 1665, pendant les Grands Jours d'Auvergne, quatre-vingt-sept nobles furent condamnés. R. Mousnier, *Les Institutions de France*, II, pp. 83, 454, 474.

6. L'expression « hypertrophie du "moi" » est utilisée par C.-G. Dubois, *Le Baroque : profondeurs de l'apparence*. Voir aussi J. Rousset, *Circé et le Paon : La littérature de l'âge baroque en France*, et P. Bénichou, *Morales du grand siècle*. Des pièces comme celles de A. Mareschal, *La Sœur valeureuse, ou l'aveugle amante. Tragi-comédie*, et de C. Boyer, *La Sœur généreuse. Tragi-comédie*, témoignent de l'attitude baroque envers les femmes : la grandeur de l'âme, la capacité de surmonter les passions et le courage physique suscitent l'admiration et parfois l'amour des hommes. Attitude qui contraste fortement avec celle du XVIIIᵉ siècle où les sentiments (voire la sentimentalité), la sensualité, le pathétique et la finesse spirituelle des femmes « encoderont » leurs représentations.

7. On consultera, entre autres, Grenaille, *Gallerie des femmes illustres*, 1643, Puget de La Serre qui publie deux « galeries » en 1645 et 1648, toutes deux en honneur d'Anne d'Autriche et tout particulièrement l'ouvrage du jésuite P. Le Moyne *La Gallerie des femmes fortes*, œuvre illustrée de vingt-quatre gravures. Il s'agit de contributions à un genre bien établi, l'éloge des femmes vertueuses : Le Moyne suit la tradition en présentant les « fortes Juives », les « fortes Barbares », les « fortes Romaines », et les « fortes Chrestiennes ».

8. N. Quillerier a probablement peint les effigies en 1645. Voir A. Mérot, *Retraites mondaines*, pour la thématique des femmes fortes dans la décoration des maisons de financiers et de l'aristocratie des années 1645-1655, pp. 156-165. J.-P. Babelon, « L'Hôtel de l'Arsenal au XVIIᵉ siècle », et *Demeures parisiennes sous Henri IV et Louis XIII*.

9. Mlle de Montpensier, *Mémoires*, pp. 41, 191 et 221. Mme de Fiesque et Mme de Frontenac étaient maréchales de camp. Passage cité par Beaseley, « Montpensier's Feminization of History », *Revising Memory : Womens' Fiction and Memoirs in Seventeenth-Century France*, p. 101. La Grande Mademoiselle a payé par l'exil son second exploit militaire, lorsqu'elle donna l'ordre de tirer sur les troupes du roi au gouverneur de la Bastille et fit ouvrir la porte de la rue Saint-Antoine aux troupes de Condé (2 juillet 1652). Elle se fera peindre en guerrière par Pierre Bourguignon en 1671.

10. À tel point que Louis XIV et Louvois n'hésitèrent pas à lui confier une mission diplomatique des plus compliquées qui lui permit de négocier le traité de Brunswick en 1678-1679.

11. Tallement des Réaux, *in Historiettes*, II, p. 597, raconte les histoires de Saint-Balmon et des femmes du peuple dans la même historiette, qu'il intitule « Femmes vaillantes ».

12. Cité par I. Maclean, p. 77. Voir, à titre d'exemple, *L'Amazone française au secours des Parisiens. Ou l'approche des troupes de Madame la duchesse de Chevreuse* (1649). À ma connaissance, le dépouillement systématique de la *Gazette de France* pour les années 1631-1660 ainsi que de la *Gazette de Paris* reste à faire.

13. Une telle attitude — de la part des femmes « violentes » et de la société qui reçoit favorablement leur conduite — ne se limite donc pas aux régentes et aux quelques très grandes dames de France : ces dernières s'en servent plutôt qu'elles ne la créent. Le processus d'« inscription » ou de « définition » de la femme comme participant à la vie politique et à la création artistique pendant la Renaissance a été étudié par P. J. Benson, *The Invention of the Renaissance Woman : The Challenge of Female Independence in the Literature and Thought of Italy and England*.

14. Cette devise est inscrite sur la première page de *La Femme héroïque* du père Du Bosc. Il la nuancera de la manière suivante : « Si les deux sexes semblent quelquefois passer dans les avantages l'un de l'autre : c'est afin de montrer plus sensiblement que l'homme & la femme sont égaux naturellement pour la pratique de la Vertu ; c'est afin de faire paroistre l'égalité de l'espece, quoy que la difference des sexes y apporte quelque diversité » (II, p. 189).

15. Tallemant des Réaux, *Historiettes*, II, pp. 734-737, notes 1486-1489, et O. d'Ormesson, *Journal*, 1er octobre 1644, I, p. 217.

16. Pour le premier cas, voir Du Fresne, *Journal des audiences du Parlement...*, t. II, l. III, chap. 12, pp. 242-246. Pour le second, H. de Boniface, *Arrests notables de la cour de Parlement de Provence*, chap. 14. La servante se nomme Catherine Maurelle, son séducteur Jean Guerin.

17. J. Pontas, *Dictionnaire de cas de conscience ou decisions...*, vol. I, « empêchement de crainte », cas IX. Si la femme qui a été ravie ne cède pas, elle peut néanmoins poursuivre son ravisseur en justice. C'est ce que fit Mme de Miramion lorsque Bussy-Rabutin l'enleva. Voir D. Haase-Dubosc,

« Ravie et enlevée au XVIIe siècle », *in Femmes et pouvoirs sous l'Ancien Régime*.

18. A. Farge a démontré comment la littérature populaire, la Bibliothèque Bleue en particulier, ne pouvait donner aux femmes du peuple que des images mortifères du féminin. Et elle se demande, dans *Le Miroir des femmes*, comment mesurer l'adhésion des femmes à ces visions négatives. Le regard porté sur ces femmes par les représentants des deux forces institutionnelles qui interviennent directement dans leurs vie, c'est-à-dire le magistrat et le prêtre, leur renvoie une image autrement positive.

19. Cela n'implique aucunement que les magistrats et les prêtres adoptaient une quelconque attitude « féministe » ou aient été personnellement « influencés » par une image précise. Il s'agit du goût d'une société, goût qui reflète les attitudes considérées propices par au moins une partie de ses membres. Je suis redevable aux travaux de M. Baxandall qui élabore une méthode comparative permettant d'associer productions imaginaires et productions historiques. Trouver le dénominateur commun entre le réel et l'imaginaire pour mener des études culturelles plutôt que des études soit en histoire sociale, soit en littérature, ou en histoire de l'art, dépend de notre capacité à trouver un point à partir duquel l'intensité des deux domaines est mesurable : « Art, Society, and the Bouger Principle » (pp. 40 *sqq.*).

20. C'est moi qui souligne. G. de La Tessonnerie, *Sigismond, duc de Varsav : Tragi-comédie*, pp. 101-102. On a souvent dit que Poullain de La Barre, avec *De l'égalité des sexes*, était isolé dans son siècle : c'est à la fois vrai et faux ; vrai parce que sa pensée n'a été suivie d'aucun effet politique pendant plus de cent cinquante ans, faux lorsque l'on considère le climat culturel.

21. On le constate aussi en philosophie : « L'homme ne se soucie guère de sa différence d'avec la femme et le XVIIe siècle, avec notamment Descartes et Spinoza, esquive la pensée de la différence des sexes ». Voir G. Fraisse, « Histoire et historicité », *La Différence des sexes*, p. 64.

22. *Journal*, juillet 1649, p. 756.

23. Voir, à titre d'exemple, la façon dont s'exprime l'avocat qui plaide pour un père qui veut casser le mariage de son fils avec une blanchisseuse ; « Billain pour le pere appellant, a dit qu'il n'y a rien aujourd'hui de plus frequent ni de plus ordinaire, que la séduction que l'on fait des enfans de famille : on leur prepare des artifices dont ils ne se peuvent défendre ; ils se laissent prendre par les yeux, *in oculis nubunt* ; les peres ne sont plus les maîtres de leurs passions, ni de leurs fortunes, quoiqu'ils ne la puissent esperer que des peres », Du Fresne, *op. cit.*, t. II, l. II, chap. 12, pp. 179 *sqq.* Notons toutefois que le dimorphisme des rapports sociaux de sexe joue en termes de l'application des peines : là où un homme est condamné à mort (souvent par contumace), une femme sera le plus souvent emprisonnée dans une maison de correction ou un couvent.

24. Je développe cet argument dans mon article « De la nature des femmes

et de sa compatibilité avec l'exercice du pouvoir au XVIIe siècle ». Pour les théories médicales sur la différence des sexes, voir Th. Laqueur, *La Fabrique du sexe : Essai sur le corps et le genre en Occident*. Si la vieille tradition aristotélicienne sur la nature des femmes se retrouve dans les textes misogynes du XVIIe siècle, il est néanmoins vrai que le siècle ne fonde pas les rapports sociaux de sexe sur une différence de nature comme le fera le XIXe ; l'argument de G. Fraisse est pertinent ici. (Cf., dans le présent ouvrage, p. 196.)

25. R. Mousnier, dans *Les Institutions de la France*, montre le fonctionnement du statut d'exception dans tous les ordres de la société. En philosophie, l'admiration devant tout phénomène qui provoque de l'étonnement — l'être d'exception se situe dans cette catégorie — permet la pensée. C'est ainsi que dans le *Traité des passions de l'âme*, Descartes fait de l'admiration la première des passions, celle qui n'a pas de contraire et se trouve, en quelque sorte, fondatrice de toute possibilité humaine de découverte.

26. I. Maclean, *op. cit.*, p. 265. Dans des œuvres à portée didactique comme *La Femme héroïque* (1645), Du Bosc invite les femmes à imiter les comportements des héroïnes du passé et à s'associer à leurs triomphes. C'est ainsi qu'il ajoute, après avoir narré l'histoire de Judith : « Au seuil de ses victoires, toutes les femmes sont conquérantes dans leur ame, toutes voudroient luy ressembler, toutes voudroient jouyr de sa gloire », *La Femme héroïque*, I, pp. 226-227, cité par I. Maclean *in op. cit.*, p. 189. Madeleine de Scudéry, dans *Les Femmes illustres* (1642), invite ses lectrices à imiter la vaillance de Zénobie qui pense que « la véritable vertu n'a point de sexe affecté » (p. 81).

Le Moyne présente une Zénobie en armure, pleine d'autorité et d'énergie : la « question morale » posée est de décider « si les femmes sont capables de la vertu militaire... » (*La Gallerie...*, p. 144). Il faut opposer Zénobie à Grisélidis pour bien sentir ce qui a basculé dans les représentations de la femme « digne d'admiration » au premier XVIIe siècle.

27. Les femmes du peuple ne se fondent pas dans une masse indifférenciée : la sage-femme, la libraire, la vendeuse, la lingère, la blanchisseuse, la paysanne, la servante, l'hôtesse et la mendiante occupent des rangs différents dans la société. Dans le cadre des politiques matrimoniales, on juge de l'égalité ou de l'inégalité de condition entre la fille d'un matelot et le fils d'un musicien, la fille d'un grènetier et le fils d'un greffier. En lisant les arrêts du Parlement, on constate que des femmes de chaque catégorie étaient jugées capables (ou non) d'être des « personnes constantes de leur sexe ».

28. H. de Boniface, *Arrests notables...*, *op. cit.*, vol. I, chap. 3, pp. 383 *sqq.* De nos jours encore, quand la justice intervient dans les cas de violences maritales, la femme n'est pas toujours protégée.

29. Voir I. Maclean, *op. cit.*, p. 63.

30. À tel point que N. Elias, *in La Civilisation des mœurs*, peut écrire que « la domination de l'homme sur la femme se trouve complètement abolie »

dans le mariage à la cour et que « la puissance sociale [de la femme] égale ici à peu près celle de l'homme », car « l'opinion sociale est déterminée autant par la femme que par l'homme » p. 267. Il nous semble que cette pensée doit être nuancée : même à la cour, les femmes sont encore soumises à leurs rôles traditionnels, au moins en partie. L'égalité de sexes n'est prônée que par un courant culturel auquel s'opposent fortement ceux qui épousent les valeurs traditionnelles et souhaitent exclure les femmes de la place publique. La deuxième partie du XVIIe siècle sera marquée par les débuts d'une concertation qui mènera à cette exclusion.

BIBLIOGRAPHIE

L'Amazone française au secours des Parisiens. Ou l'approche des troupes de Madame la duchesse de Chevreuse, Paris, Jean Henault, 1649.

Babelon, Jean-Pierre, « L'Hôtel de l'Arsenal au XVIIe siècle », *L'Œil*, CXLIII, 1966, pp. 26-35, 55-59.

Babelon, Jean-Pierre, *Demeures parisiennes sous Henri IV et Louis XIII*, Paris, 1965.

Baxandall, Michael, « Art, Society, and the Bouger Principle », *Representations*, 12, 1985, pp. 40 *sqq*.

Beaseley, Faith, *Revising Memory : Women's Fiction and Memoirs in Seventeenth-Century France*, Rutgers University Press, 1990.

Bénichou, Paul, *Morales du grand siècle*, Paris, 1948.

Benson, Pamela, *The Invention of the Renaissance Woman : The Challenge of Female Independence in the Literature and Thought of Italy and England*, Penn State University Press, 1993.

Boniface, Hyacinthe de, *Arrests notables de la Cour de Parlement de Provence, Cour des Comptes, Aydes & Finances du mesme Pays*, Paris, René & Jean Guignard, 1670 ; BN, F 2145-2146.

Boyer, Claude, *La Sœur généreuse. Tragi-comédie*, Paris, Augustin Courbé, 1647.

Dejean, Joan, *Tender Geographies : Women and the Origins of the Novel in France*, Columbia University Press, 1991.

Descartes, René, *Traité des passions de l'âme, in Œuvres*, Gallimard, Paris, 1937.

Dubois, Claude-Gilbert, *Le Baroque : Profondeurs de l'apparence*, Paris, 1973, Larousse « Université ».

Du Bosc, Jacques, *La Femme heroïque ou les heroïnes comparées avec les heros en toute sorte de vertus*, Paris ; Antoine de Sommaville et Augustin Courbé, 1645, 2 vol. ; BN, R 5989-5990.

Dubuisson-Aubenay, *Journal des Guerres Civiles de Dubuisson-Aubenay 1648-1652*, publié par Gustave Saige, Paris, 1883, 2 vol. ; BN, 8 Lb 375055.

Du Fresne, Jean, *Journal des audiences du Parlement depuis l'année 1623 jusques en 1657 ; avec les arrests intervenus en icelles*, Paris, 1678, in-fol. F2100 (pour éd. 1646 : F12666).

Elias, Norbert, *La Civilisation des mœurs*, Paris, Calmann-Lévy, 1973.

Farge, Arlette, *Le Miroir des femmes*, Bibliothèque Bleue, Paris, Montalba, 1982.

Fraisse, Geneviève, *La Différence des sexes*, « Histoire et historicité », Presses universitaires de France, 1996.

François de Sales, *Œuvres*, Paris, Gallimard, 1969.

Gaudemet, Jean, « Législation canonique et attitudes séculières à l'égard du lien matrimonial au XVIIe siècle », *XVIIe siècle*, CII-III, 1974, pp. 15-30.

Gazette de France (pour les années 1631-1660) et *Gazette de Paris*.

Gillet de La Tessonerie, *Sigismond, duc de Varsav, Tragi-comédie*, Paris, 1646, in-4°, BN, Rés. Yf 252.

Grenaille, *Gallerie des femmes illustres*, 1643.

Haase-Dubosc, Danielle, « De la nature des femmes et de sa compatibilité avec l'exercice du pouvoir », *La Démocratie à la française ou les femmes indésirables*, Presses universitaires Denis Diderot-Paris 7, 1995, pp. 111-125, et « Ravie et enlevée au XVIIe siècle », *Femmes et pouvoirs sous l'Ancien Régime*, Paris, Rivages, 1991, pp. 135-152.

La Guette, Madame de, *Mémoires*, Micheline Cuénin (éd.), Le Temps retrouvé, Paris, 1982.

Laqueur, Thomas, *La Fabrique du sexe : Essai sur le corps et le genre en Occident*, Paris, Gallimard, 1992.

Lefèvre d'Ormesson, Olivier, *Journal d'Olivier Lefèvre d'Ormesson et extraits des mémoires d'André Lefèvre d'Ormesson*, A. Chéruel (éd.), Paris, Imprimerie nationale, 1860-1862, 2 vol.

Le Moyne, Pierre, *La Gallerie des femmes fortes*, Paris, A. de Sommaville, 1647.

Maclean, Ian, *Woman Triumphant : Feminism in French Literature, 1610-1652*, Oxford University Press, 1977.

Mareschal, André, *La Sœur valeureuse, ou l'aveugle amante. Tragi-comédie*, Paris, Anthoine de Sommaville, 1634.

Mérot, Alain, *Retraites mondaines*, Paris, Le Promeneur, 1993.

Montpensier, Anne-Marie-Louise-Henriette d'Orléans, duchesse de, *Mémoires de Mademoiselle de Montpensier*, A. Chéruel (éd.), Paris, Charpentier, 1858-1859, 4 vol.

Mousnier, Roland, *Les Institutions de la France sous la monarchie absolue*, t. I : *Société et État* ; t. II : *Les Organes de l'État et de la société*, Presses universitaires de France, 1974.

Plutarque, *Les Œuvres morales et meslees de Plutarque, traduites de grec en françois, revues, corrigées & enrichies en cette dernière édition, de Prefaces generales, de Sommaires au commencement de chacun des Traitez, & d'Annotations en marge, qui monstrent l'artifice & la suite des discours de*

71

l'Autheur, tome premier, à Paris chez Antoine Robinot, en sa boutique sur le Pont-neuf, devant le Louvre, 1645, XXXV, *Les Vertueux Faits de femmes*.

Pontas, Jean, *Dictionnaire de cas de conscience ou decisions des plus considérables difficultez touchant la Morale & la discipline Ecclesiastique*, à Paris, 1715.

Portemer, Jean, « La femme dans la législation royale des deux derniers siècles de l'Ancien Régime », *Études d'Histoire du droit privé offertes à Pierre Petot*, Paris, 1959, pp. 441-457.

Poullain de La Barre, *De l'égalité des sexes*, Paris, 1673.

Rousset, Jean, *Circé et le Paon : La littérature de l'âge baroque en France*, Paris, Corti, 1953.

Scudéry, Madeleine de, *Les Femmes illustres*, Paris, Sercy, 1642, 1648.

Tallemant des Réaux, *Historiettes*, Antoine Adam (éd.), Paris, Gallimard, 1961, 2 vol.

Timmermans, Linda, *L'Accès des femmes à la culture (1598-1715)*, Paris, Honoré Champion, 1993.

Trousset, Alexis, *L'Alphabet de l'imperfection et malice des femmes... dédié à la plus mauvaise du monde*, Paris, 1617, Rouen, 1631.

Viennot, Éliane, *La Vie et l'œuvre de Marguerite de Valois : discours contemporains, historiques, littéraires, légendaires*, thèse Paris-3, 1991, et « Des "femmes d'État" au XVIᵉ siècle : les princesses de la Ligue et l'écriture de l'Histoire », *Femmes et pouvoirs sous l'Ancien Régime*, D. Haase-Dubosc et É. Viennot (éd.), Paris, Rivages, 1991, pp. 77-100.

ARLETTE FARGE

Proximités pensables et inégalités flagrantes
Paris, XVIIIᵉ siècle

N'être pas fascinée par l'objet-femme au point de se laisser immerger par un regard faisant de la différence des sexes le seul vecteur social et culturel capable de dire l'universalité[1], ne pas « déréaliser » des phénomènes sociaux et politiques qui ont pour champ la douleur et qui ont une — ou des — histoires qu'il faut retranscrire : c'est entre ces deux risques qu'il sera traité ici de la violence et du sexe féminin à Paris au XVIIIᵉ siècle[2].

Les deux situations — violence des femmes, violence sur les femmes — sont repérables à des moments précis de l'histoire et en des espaces spécifiques. Ces formes de violence émergent dans des situations bien particulières, socialement construites, et face à des modes de réception qui leur sont propres, ces derniers sont possibles à définir puis à analyser. Le lien qui fait de la femme à la fois un être dit violent et un être dont on sait parfaitement qu'elle est en certaines circonstances objet d'une violence « due » à son sexe tient à la façon dont la société urbaine montre simultanément qu'existe une réelle proximité de fait entre les sexes (investis dans des pratiques quotidiennes partagées de recherche du travail ou d'utilisation de l'espace), une inégalité frappante de droit et de capacité juridique et économique entre hommes et femmes, tandis qu'elle affronte en commun, et de façon différenciée, l'ensemble de la chose publique dont elle dépend. Ici, on le verra, on est en présence d'un monde mouvant et mobile où, à l'intérieur d'une norme connue et transcrite culturellement (discours du droit, de la philosophie, de la littérature populaire, de la Bibliothèque Bleue, de la médecine), des déplacements et des écarts s'esquissent par rapport à elle, organisant des moments de réalité, où le sujet féminin se constitue entre une forme d'identité empruntée au masculin et une conformité aux rôles dits traditionnels. Dans ces lieux mouvants se jouent des scènes singulières qui font apercevoir un siècle où se dessinent les espaces possibles d'une certaine aisance entre les sexes, eux-mêmes enchâssés et contraints par les catégorisations (et des réalités) les plus strictes de l'inégalité sexuelle.

Une approche relationnelle

Le monde masculin et le monde féminin sont en constante relation l'un avec l'autre : celle-ci se vit au jour le jour dans la cité et en une multiplicité d'espaces allant de la maison à l'immeuble, de l'atelier aux carrefours, des bords de Seine aux cimetières et aux églises. Femmes et hommes en quelque sorte vivent dans l'espace urbain une véritable mixité ; c'est sans aucun doute une mixité sans parité, une mixité de fait et non de droit ; en tout cas, une façon de vivre où les hommes et les femmes sont en constant face-à-face, à moins qu'ils ne soient bien plutôt côte à côte. Ainsi les voit-on ensemble dans les cabarets, les lieux de loisirs, les églises, les espaces publics comme les places de grève (où ont lieu les châtiments publics), les octrois, les foires, les fêtes, etc.

Bien entendu, il faut le préciser tout de suite, ces relations mobiles, mouvantes et constantes se vivent marquées au coin d'une inégalité flagrante. Inégalité de droit, inégalité prouvée par les écrits et transmise dans les imaginations. Rappelons pour mémoire toutes les inégalités de type juridique, civil, social et la dépendance totale du féminin au masculin. Considérée comme faisant partie du « sexe imbécile », la femme est dite irresponsable, sauf en cas de veuvage. Soumise, dit-on, à un système physiologique d'humeurs très contrasté et à des forces utérines débordant sa volonté, la femme est dite posséder un corps qui lui échappe, dans la violence comme dans la faiblesse, et que l'homme, dans la stupeur, doit chercher à contrôler[3].

La littérature populaire colportée en abondance (la Bibliothèque Bleue) n'arrange rien sur ce thème de l'inégalité ; elle véhicule à outrance les thèmes mortifères de la femme dévoreuse, cruelle, plus abîmante que la mort. Dans ces livrets lus par un large public, la femme est un être qui distribue sans répit un long malheur à l'homme, et cela depuis l'origine. Les seules exceptions à ce schéma morbide proviennent de femmes hors du commun dont il est alors nécessaire de faire les louanges. Mais en temps ordinaire, la femme est le drame de l'homme, le venin qui épuise son sang et son argent. Et s'il faut bien vivre avec elle, dès lors l'homme doit parvenir à la rendre inexistante socialement. Les contes bleus racontent ainsi que si la femme a le visage de la mort, l'homme doit éteindre cette menace ; c'est ainsi qu'il tente de la réduire à l'inexistence ; on sait encore que la réalité prend parfois la couleur des contes et que les imaginaires, avec les légendes et ces comptines, fabriquent un paysage aux apparences rationnelles où l'inégalité et le conflit entre les deux mondes sont chose commune.

Sous cette couverture inégalitaire (où le droit, la médecine et la littérature sont rois), la vie en quelque sorte déborde un peu, ouvre des brèches, invente des espaces possibles, tout d'abord parce que hommes et femmes disposent ensemble et différemment des espaces publics afin de survivre ou de sortir d'une précarité trop lourde. Ainsi les femmes (souvent venues seules de la campagne) s'approprient-elles assez facilement la ville, et si l'on dit parfois qu'elles ont la voix haute et forte, le geste leste, la dispute rapide sur les marchés ou la curiosité avide auprès des donneurs de nouvelles, c'est tout simplement qu'elles ont impérativement été amenées par leurs fonctions nourricières et maternelles à détenir un certain savoir social sur la ville et sur ses institutions. Cela leur permet d'être actives et demandeuses afin d'infléchir le marché et les prix, de s'enquérir des informations de police et monarchiques qui rythment la vie

de leur travail et de leur famille à charge. À ces tâches gestion-
naires, les hommes savent plus ou moins les laisser libres puisqu'ils en profitent, eux et leurs enfants, de façon simple et
naturelle. Est-ce en termes de pouvoir féminin qu'il faut parler
ici ? Ce n'est pas sûr. Elles n'ont aucun titre pour occuper la
place qu'elles occupent ; elles l'occupent tout simplement en
défaisant leur identité préconstruite et en déréglant les ordres
symboliques de la sujétion[4]. Par moments, en faisant ce
qu'elles font, elles délégitiment les légitimités dans un univers
qui n'est pas immobile et où se déplacent les ordres et les noms,
sinon les discours. À « être » ainsi en ville, dans le travail
comme dans la négociation (notamment sur le marché), les femmes « rejoignent » les hommes. Non pas au nom d'un pouvoir
mais d'un habitus et de processus accoutumés et nécessaires.

Le voyageur qui entre en ville voit clairement la scène, de
même le chroniqueur et tous savent la décrire. En ville se lit et
se déploie une sorte de promiscuité entre les corps, une apparente complicité (ou activité de concert) entre les hommes, les
femmes, les enfants et les choses. À Paris « tous les sens sont
intensifiés au même instant ; on brise, on livre, on polit, on
façonne ; les métaux sont tourmentés et prennent toutes sortes
de formes. Le marteau infatigable, le creuset, toujours embrasé,
la lime mordante toujours en action, aplatissant, fondent, déchirent les matières, les combinent, les mêlent. [...] Le feu, l'eau,
l'air, travaillés dans les ateliers des tanneurs, forgerons, des
boulangers ; le charbon, le soufre, le salpêtre pour changer aux
objets et de noms et de formes[5] ». L'homme et la femme aussi
changent de « nom et de forme ». « Les femmes à Paris, accou-
tumées à se répandre dans les lieux publics, à se mêler avec les
hommes ont leur fierté, leur audace, leur regard et presque leur
démarche[6]. » Dans cette porosité urbaine[7] (à nulle autre
pareille), chaque être cherche à vivre au mieux dans l'opacité
urbaine (on peut parfois s'y fondre et s'y cacher) et la précarité
sociale de chaque instant. Les corps (Mercier et Rétif l'expriment à longueur de pages) sont éminemment visibles et extériorisés. Paris exhibe les corps. Une sorte de sensualité traverse la
ville et ses occupations, sensualité qui n'a pas toujours pour

synonyme le bonheur. En effet, si les corps sont visibles, c'est parce que chacun et chacune travaille dehors ou sous le regard d'autrui, fabriquant à son insu une gestuelle bruyante. Mais il faut encore ajouter qu'à la visibilité des corps actifs se joint celle des maladies : les cicatrices tracent des sillons sur les joues, les jambes boitent, les dents manquent aux bouches, les déhanchements s'aperçoivent. Les accidents de rue, de travail zèbrent les corps. Ainsi, les conditions de vie, d'habitat et de travail se lisent sur des corps qui ne peuvent rien cacher, et qui sont inévitablement marqués par les événements subis. La souffrance est là, la joie ou la fête également et d'autres gestes, d'autres postures de mixité. Visibles et extériorisés, les corps masculin et féminin habitent la ville, tandis que la ville les oblige à « inventer » leur présence.

Rien ne doit étonner si l'on affirme dès lors que les relations entre les sexes, les formes d'approche affective et sexuelle sont elles aussi visibles. Le lien « privé » entre l'homme et la femme se vit de façon rugueuse, « publique » (offert au regard de tous, celui qui le cimente et légitime pour l'avoir aperçu) : la brutalité et les marques de sentiment s'y côtoient dans une violence de fait. Violence de fait qui marque les formes de la sociabilité générale : le Paris du XVIIIᵉ siècle est en tous points violent, qu'il s'agisse du bruit, de la circulation, des conditions de vie, des formes de rencontre et de déplacement des corps. À l'intérieur de ce contexte, l'homme et la femme ont une rencontre spécifique qui par moments emprunte aux formes habituelles de la vie et à d'autres se décode en d'autres prises de position où ni l'homme ni la femme ne sont prisonniers des images fabriquées pour eux, des normes et des injonctions qui les entourent, pour enfin décider d'une autre identité (passagère), d'une échappée plus ou moins furtive.

La femme violente

L'image est simple, facile, souple à manier, utilisable en maints discours ; elle peut s'accrocher avec aisance sur tant d'exemples en la cité et prouver, si besoin est, que les légendes ne sont pas vraisemblables mais vraies. Dans cet imbroglio où le réel et l'imaginaire ne se contredisent pas et où la société peut sans souci supporter cette caractéristique — « la femme est violente » — examinons le cheminement précis des mécanismes et des rôles. Différent à chaque moment de violence exprimée.

Cruelle au moment des exécutions, on dit souvent qu'elle regarde jusqu'au bout sans ciller le spectacle de la mort durement et longuement donnée. C'est un topos qui court l'ensemble des journaux, mémoires et chroniques, dit et redit sans façon et sans interrogation majeure. C'est une figure accoutumée, qui se loge facilement sous la plume puisqu'elle a le « bonheur » d'être confirmée par une littérature populaire lourde de la présence de la férocité féminine. Elles sont donc les dernières à fermer les yeux en place de Grève et c'est bien une preuve... Tout d'abord, il faudrait vraiment savoir si les choses se passent ainsi ou si elles sont reformulées par une mémoire masculine partielle, incertaine, imbibée d'histoires qu'on raconte. Ensuite, il faudrait à vrai dire comptabiliser les regards des hommes et savoir s'ils ont décidé, en vérité, de ne pas voir, d'être aveugles dans ces dramatiques moments. La série AD III 7 conservée aux Archives nationales contient l'ensemble des procès criminels imprimés du XVIIIe siècle annotés de façon manuscrite par le procureur Gueulette : il commente parfois les exécutions capitales et s'attarde sur celles — rares, il faut en convenir — infligées aux femmes, en décrivant avec bonhomie les formes de leur corps, l'agréable de leur visage ou la boucle de cheveux soudainement échappée du bonnet. De même L.S. Hardy dans son *Journal* décrit la femme suppliciée comme s'il s'agissait d'une peinture émouvante : « Je l'aperçus coiffée en baigneuse, ayant une seule boucle de chaque côté. » Donc, les hommes voient : ils voient le supplice *et* la séduction du corps féminin. Cet attendrissement (esthétique-érotique) leur permet d'oublier qu'ils regardent, et de pouvoir librement reprocher aux femmes leurs yeux grands ouverts. En fait, comment ne pas penser que l'homme comme la femme ne peuvent encore se détacher officiellement des spectacles en place de Grève, puisqu'ils sont si fréquents et si organisés par la pompe monarchique, faisant partie du spectacle ordinaire de la rue au même titre que le pilori, la fête, les cérémonies monarchiques et les *Te Deum*. Le discours masculin sur la femme devient une litote, fidèle aux légendes, et sert efficacement à se dispenser soi-même de toute culpabilité face à l'horreur — fascination partagée [8].

Violence entre femmes : plus que la femme cruelle, la femme arrachant les cheveux de sa voisine sur un palier d'immeuble ou sur une place de marché est une image familière, risible, évidente. « Dispute de femmes n'intéresse personne », s'écriera un commissaire de police appelé sur un marché pour une rixe. La dispute sur le marché est une scène de théâtre comique, un artefact qui sert à la plaisanterie, un sujet de caricature vendu un sol la pièce dans les rues. Ici, tout se trouve mêlé : le fait, sa représentation et son peu d'importance. Pourtant l'événement « dispute-entre-femmes » convoque d'autres mécanismes, moins délibérément avoués. Si la scène est relativement fréquente, c'est qu'ici le jeu du masculin et du féminin parvient à coïncider pour qu'elle se passe sans aucune autre intervention que celle des spectateurs. La négociation des prix faite par la femme est chose ordinaire ; d'ailleurs faut-il rappeler ici le rôle tenu par les femmes de maîtres (en l'absence voulue de leur mari) dans leurs boutiques ou leurs ateliers pour tenir tête aux compagnons jurés de la corporation, aux huissiers ou aux créanciers. La femme discute, négocie, sait affronter le collecteur d'impôts [9] et lui imposer sa mesure : les rôles masculin et féminin se tiennent ici la main pour accomplir cet état de chose, très utile socialement. Ensuite, lorsque, au marché, la cliente et la vendeuse se disputent, ou que deux clients s'affrontent, la situation sociale et économique est similaire. Il s'agit de prix à défendre pour le bien commun du foyer. Face à cette forme accoutumée d'un conflit banal, l'efficacité féminine est reconnue et la police n'intervient pas. Quitte ensuite à ironiser, à en rire et à faire rejoindre vite ces petits faits divers à la rubrique toute prête des femmes déchaînées, violentes et griffeuses. Entre l'acte et l'image, un lieu pourtant est vide : il n'y est jamais avoué que cette violence arrange l'homme et qu'elle n'affaiblit en aucune façon son pouvoir ou son autorité. Quant à la femme, la violence qu'elle utilise occupe l'espace vide laissé par le jeu des institutions et du monde masculin. Elle inscrit son pas de côté sous une forme qui est déjà rattrapée par l'histoire, abondamment informée de ce pas de côté.

L'émeute [10], la revendication, la grève, l'attroupement. On ne reviendra pas sur le rôle, décrit ailleurs, des femmes dans les émeutes et interventions politiques. On soulignera ici deux ou trois choses en posant la question de la façon suivante : « Au nom de quoi les femmes seraient-elles absentes quand monte la révolte ? » Il n'y a peut-être pas tant d'émeutières (si ce n'est des figures construites *a posteriori* de femmes en émeutes) que des femmes *allant à* la révolte, discutant, s'insurgeant, maniant à leur manière différentes possibilités dans le champ du politique qui leur est interdit et qui d'ailleurs est interdit à l'ensemble des pauvres. La chose est ; de plus la chose est relativement simple : l'acquiescement masculin à cette forme d'action est évident (il sait les laisser partir devant, il sait qu'arrêtées elles seront moins punies). La femme, dans une certaine mesure, reconnaît la validité de ces pratiques et assure sa place à la mesure de son efficacité. L'utilité sociale n'est pas ici à prouver, même s'il n'en reste pas moins qu'en ces moments-là se forgent des images désastreuses du féminin qui confortent la binarité du topos douce femme/femme amère. Dans l'émeute, elle n'est pas une héroïne, mais une PASSANTE au sens fort du terme, et cela change tout. Au XVIIIᵉ siècle, très peu de femmes se détachent de ces foules émeutières pour dévoiler des figures connues ensuite. Si l'on suit le détail de certains événements (l'émeute pour enlèvement d'enfants en 1750, l'émeute des farines de 1775), on s'aperçoit qu'à certaines séquences du mouvement, une femme se détache et entreprend quelques actions précises avec d'autres ; mais ensuite elle laisse la place à une autre et se fond dans la foule. Pas d'héroïne ni de grandes figures comme le seront plus tard et en d'autres circonstances Olympe de Gouges, etc. Ici, les mouvements d'histoire n'entretiennent pas de lien particulier, mythique ou héroïque avec certaines meneuses, car les femmes, comme à l'habitude, « vont à la révolte » et n'ont pas besoin pour cela ni de hausser leur caractère ni d'augmenter leur véritable influence. De plus, leurs demandes (si elles font partie de l'invention politique) ne sont pas toujours d'ordre politique et leur place est considérée comme traditionnelle. L'étrange chose serait qu'au XVIIIᵉ siècle, à Paris, les femmes, au moment des émeutes, restent vaquer à leurs affaires. C'est sans doute ce caractère accoutumé de la participation aux affaires de la rue et du temps qui permet aux femmes ensuite de « rentrer à la maison », sans, semble-t-il, s'interroger sur ce rôle qu'elles viennent d'emprunter. Encore que...

Malgré cet ordre apparent et consensuel entre le monde masculin et féminin mis en place dans les émeutes, il existe, en deçà de l'image convenue, un réel où, de cas singulier en cas singulier, d'écart en écart, certaines femmes plus actives que d'autres ont constitué des identités nouvelles et des gestes formant plus tard une « communauté infigurable [11] » — ouverte à d'autres signes, prête pour d'autres événements.

La convulsionnaire ; dans ces épisodes troublants et fort connus (1732-1750) de convulsions spécifiquement féminines ayant lieu dans le cimetière de Saint-Médard [12], la violence est terrifiante. Les femmes concernées, afin de convertir autrui à leurs suppliques et de prier Dieu qu'il pardonne et sauve la société pécheresse, exercent sur elles-mêmes une violence à peine supportable. Elles demandent à leur entourage de les frapper à coups de bois, ou de placer certains de leurs membres entre des étaux que l'on serrera jusqu'à l'évanouissement : ce sont les « secours ». Ainsi, elles ont pris le parti de se faire violence pour être entendues de Dieu et secourues par lui, face à une Église qu'elles jugent infâme et condamnable. Femmes pauvres pour la plupart, elles entrent dans un processus mystique et physique d'abandon, de révolte et de douleur retournée contre elles pour s'approprier non seulement une autre exis-tence rêvée (glorieuse et céleste) mais une essence divine les transportant hors d'une réalité quotidienne peu supportable où elles existent en effet comme étant les dernières et les plus démunies. La convulsionnaire désire être une figure ; pour cela elle emprunte la réalité de l'exaltation, l'image si connue de l'excès féminin, elle traverse avec son corps l'ensemble des représentations et des réalités qui la frappent pour les transfor-mer, croit-elle, en un lieu (céleste) où une communauté divine pourrait les accueillir. Cette violence sur soi, qui se donne en spectacle à un vaste public d'hommes et de femmes toutes clas-ses sociales confondues, a ceci de particulier qu'elle redouble l'image négative de la femme violente, déchaînée, possédée, dévorante et impérieuse, tout en acceptant d'être victime, c'est-à-dire en rejouant la scène de la double injonction qui pèse sur elle, dans la Bibliothèque Bleue par exemple. Femme violente, la convulsionnaire l'est en ce qu'elle veut représenter la communauté et la femme violentée. De fait, l'image et la réalité conviennent aux spectateurs...

Violence sur les femmes

Il s'agit de conflits entre hommes et femmes et de coups portés, de violences exercées d'un sexe sur l'autre dans la tota-lité des espaces parisiens : rue, maison, immeuble, cabaret, bords de Seine, octroi, etc. Ces cas de violences ont été étudiés à partir des plaintes au Petit Criminel en 1765, 1770, 1775, 1780, 1785. Pour chacune de ces années-là, il y eut environ quinze cents plaintes dont six cents concernant des problèmes de violence ; le reste ayant pour contenu vol, escroquerie, cha-pardage, nuisances, etc. Sur le total des six cents plaintes pour violences, soixante (à peu près) sont des plaintes de femmes contre des hommes. Dix pour cent de l'ensemble de la violence exprimée devant la police est une violence sexuelle d'homme contre la femme. La femme violente contre l'homme représente un taux si infinitésimal qu'il n'est pas représenté. Le dimorphisme est éclatant : s'il y a violence entre hommes et femmes, elle n'est *que* violence d'hommes contre les femmes.

Cette réalité (chiffrée) dessine un autre paysage, qui coexiste avec le premier esquissé autour de la violence des femmes. Il ne s'agit pas ici de travailler en termes trop simples de « réponses » de l'un par rapport à l'autre. En revanche, il faut en ce domaine précis où le couple est en conflit (en séduction, marié ou concubin) tracer les contours d'un univers autre : celui du face-à-face entre l'homme et la femme, dans les plis et replis de leurs manières attractives et répulsives d'être ensemble. La violence *des* femmes précédemment étudiée s'inscrivait dans un ensemble large où la cité (économique, policière, politique et religieuse) était constitutive des comportements sexués. Ici, dans cette étude de la violence sur les femmes, l'homme et la femme sont en miroir dans une position sexuée de désir et de vie commune ; leurs conflits et tensions ont pour contenu la stabilité de la vie domestique, celle qui par ailleurs ne prend une réelle légitimité que sous le regard d'un voisinage attentif. Ici, aussi, il y a constitution d'un triangle : l'homme, la femme et ceux (voisins, quartiers) dont le regard est indispensable pour donner preuve du lien.

Bien entendu, il serait naïf de croire que les espaces sont étanches ; toutefois dans ces cas abondants de violence contre la femme, se joue une autre scène : celle figurée, réelle et représentée du lien affectif et sexuel entre l'homme et la femme du peuple au XVIIIᵉ siècle, où la domination est réelle tandis que jouent l'attirance et la nécessité de vivre à deux.

La plainte porte bien son nom : la douleur féminine est racontée ; la souffrance est lourde ; l'épuisement est d'autant plus certain que la femme ne porte plainte devant le commissaire de police qu'après un long parcours de malheurs subis et de coups reçus. La violence n'est pas légère : il s'agit de coups très forts, heurtés, pratiqués avec des outils, des ustensiles de cuisine ou des objets contondants. Dans ces mauvais traitements examinés dans le détail au moyen des interrogatoires où se retrouvent la parole des femmes et celle des hommes (on peut en étudier séparément le style, le vocabulaire et le contenu), se lit l'ensem-

83

ble d'une histoire longue où deux pôles apparaissent nettement :
celui, positif, d'une promiscuité exubérante des corps où l'on
se rencontre avec aisance, on badine, on joue la séduction, de
corps frôlés et de multiples « agaceries » selon le joli terme
de l'époque. Le Paris du XVIIIe permet cette approche sexuée
relativement aisée, tout en verve, en verbe et en attirance, marquée d'une sexualité visible et altière où les corps, les gestes
ne se cachent pas et s'accordent assez bien avec l'ensemble de
la vie menée dans le travail comme dans la rue, les fêtes et les
spectacles. À ce pôle positif qui multiplie les champs du possible et d'une « liberté » de geste et de parole, se juxtapose un
pôle négatif et sombre, qui l'emporte sur le premier, celui de la
violence masculine construite sur d'autres évidences, notamment celle de la possession corporelle de l'homme sur la
femme. La tension entre ces deux pôles est très forte, elle réduit
énormément ce que le premier pôle pouvait offrir comme éven-
tuelles chances d'égalité. Dans une certaine mesure, la vie
urbaine pouvait proposer des formes d'égalité vécues dans la
promiscuité des jours et au cœur des manières de se déplacer,
de travailler et d'intervenir dans la cité. Mais, cet espace possible est bien souvent fracturé, brisé par le schéma ordinaire et
non contesté de l'homme violent face à la femme présentant
des écarts au cœur de la vie domestique : pour l'homme, il faut
ici que les rôles soient tenus, et sa violence est le plus souvent
l'expression de ce qu'il considère comme étant son droit le plus
strict et la forme de son honneur. Quelques paroles masculines
mises en exemple peuvent faire comprendre cet état de choses ;
il s'agit d'hommes interrogés, confrontés en justice sur plaintes
de leurs femmes.

« Il n'a pas besoin que personne n'entre l'insulter chez lui
lorsqu'il corrige sa femme et ses enfants » ; « sa femme le
désole de ne jamais lui rendre compte de rien, qu'elle s'est
rendue la maîtresse absolue de tout le ménage et qu'elle veut
le dominer » ; « que le tort qu'il a peut-être c'est de l'avoir
maltraitée trop violemment ».

Tout au long des récits de mésentente, puis de violence,
apparaît en même temps un personnage à l'importance considé-

rable : autrui. Le lien amoureux s'est inévitablement fabriqué sous le regard des voisins, du quartier, des compagnons de travail (comment dans la sociabilité du XVIIIe aurait-il pu en être autrement ?). Ce regard, sollicité par les uns comme par les autres, constitue un des appuis de la vie du couple : il légitime l'existence d'un lien amoureux, puis, en cas de mésentente et de coups, il est pris pour preuve de ce qui se passe anormalement dans le couple. Chaque partenaire qui expose sa situation prend à parti le quartier et le voisinage et explore la mémoire du quartier pour que les faits soient correctement mis en place devant le commissaire. La femme séduite puis abandonnée prend appui sur les voisins de son immeuble qui ont assisté à leur « maraîchinage » ; c'est la preuve qu'elle a reçu des promesses et que l'homme doit contribuer aux frais de couches. L'homme qui se dit trompé par sa femme se rappelle à la mémoire des voisins pour qu'ils témoignent des mauvaises actions de cette dernière, de la présence d'anciens concubins ou de soldats de passage. La femme violentée fait attroupement, celui-là même lui donne preuve de la situation délictueuse.

Visible l'entente, donc très visible la mésentente : c'est dans cet espace ouvert que devient possible une résistance sociale à la violence masculine. Personne, à vrai dire, ne tolère les agissements par trop violents de l'homme sur la femme ; et cette attitude peut protéger la femme. Mais l'ensemble des plaintes (au Petit Criminel ou devant le commissaire de police) montre que les affaires ne viennent au jour que longtemps après leur commencement : de fait, la violence de l'homme sur la femme est une réalité incontournable ; là même, les rôles se figent entre soumission, passivité, écarts, force physique de l'homme, « droit » du masculin, désir de garder une stabilité économique au ménage et au soin aux enfants ; ils expriment de façon plus ou moins marquée la soumission de l'homme comme de la femme à des rôles de domination/oppression.

Quelle part cette violence masculine emprunte-t-elle aux schémas littéraires et aux légendes ; comment s'organise cette forme de possession physique avec les déplacements, eux aussi visibles, que la violence des femmes opère par moments ?

Quelle est cette réalité qui aurait des couleurs presque invariables de la banale violence masculine sur le corps féminin ? Comment s'éprouve-t-elle face à une population féminine plutôt agissante ?

Il se pourrait qu'une société — telle celle du XVIIIᵉ siècle — ne vive pas ses contradictions de la même façon que nous, historiennes penchées sur les mécanismes du passé, les analysons. Le Paris du XVIIIᵉ siècle, ses élites, ses policiers et sa population supporteraient des femmes actives et violentes à certains moments précis de son histoire, dans la certitude que cette réalité ne bouscule aucunement le champ réglé du dimorphisme sexuel. C'est précisément cette structure complexe dans laquelle coexistent une certaine aisance féminine et une domination absolue du masculin sur le féminin qui est un véritable objet d'histoire et rend le mieux compte de la lourdeur des schémas imaginaires, institutionnels et politiques. Le politique, le religieux, le juridique savent faire tenir ensemble, au XVIIIᵉ siècle, une sorte de mixité apparente, grevée d'une inégalité flagrante et montrée, exhibée à un public qui régule parfois ou au contraire encourage cet état de fait, ne s'en prenant pas à l'ensemble du lien social mais infléchissant certains événements singuliers auxquels il assiste. Mixité, inégalité, visibilité des liens entre l'homme et la femme produisent une société non figée mais fort déterminée. En même temps on y distingue des lieux du possible, des inventions, des détachements d'avec la norme. Si nous les apercevons ici comme ayant pu être des moyens de réduire l'inégalité, il est peut-être pensable, en faisant le même travail sur notre société, d'influer sur l'avenir.

NOTES

1. Voir R. Chartier, « Différence entre les sexes et domination symbolique », *AESC*, nᵒ 4, 1993.
2. Les sources sont empruntées aux archives judiciaires et essentiellement à des sondages effectués dans la série des plaintes et procès-verbaux du Petit

Criminel (série Y) : années 1765, 1770, 1775, 1780, 1785. Chaque année a été exhaustivement dépouillée, c'est-à-dire douze liasses par année recensée.

3. Voir l'ensemble des rapports de médecins écrits au XVIIIᵉ siècle à la Société royale de médecine (Bibliothèque de l'Académie de médecine).

4. J. Rancière, « L'histoire des femmes entre subjectivation et représentation », *Annales ESC*, n° 4, 1993.

5. L.S. Mercier, *Tableau de Paris*, Mercure de France, 1994 t. I, chap. 1 : « Coup d'œil général », p. 25.

6. *Ibid.*, t. III, chap. 249 : « Des femmes », p. 624.

7. D. Roche, *Le Peuple de Paris*, éd. Montalba, 1979. O. Hufton, *The Poor of Eigteenth Century France*, Oxford University Press, 1974.

8. Sur ce point, de plus larges développements ont été écrits dans A. Farge, *La Vie fragile, violence, pouvoirs et solidarité à Paris au XVIIIᵉ siècle*, « Points » Seuil, 1992.

9. Un exemple précis en Île-de-France où des femmes ont empêché les collecteurs d'impôts d'entrer au village.

10. Voir chap. « Évidentes émeutières », *in* N.Z. Davis et A. Farge (dir.) *Histoire des femmes XVIᵉ-XVIIIᵉ siècle*, Seuil, vol. III.

11. J. Rancière, art. cit., p. 1014.

12. Les propos tenus par les femmes en convulsions sont conservés à la Bibliothèque de l'Arsenal et pris en note par des inspecteurs de police de garde chaque jour, Archives de la Bastille 10196-10206. Cf. C.L. Maire, *Les Convulsionnaires de Saint-Médard*, « Archives », Gallimard, 1985.

CÉCILE DAUPHIN

Fragiles et puissantes,
les femmes dans la société du XIXe siècle

Classes dangereuses, famille triomphante, un double leitmotiv traverse l'historiographie classique du XIXe siècle et y imprime un tragique effet de clair-obscur[1]. Ainsi l'ère de l'alphabétisation massive, du désenclavement des campagnes et du déploiement technologique aurait engendré sa propre pathologie : déséquilibre des sexes, naissances illégitimes, infanticides, dérèglements divers. Crime et misère auraient poussé comme fleurs empoisonnées sur la modernité nommée industrialisation et urbanisation.

Dans ce tableau nourri de statistiques criminelles, de faits divers dénichés dans la *Gazette des tribunaux* et dans la presse à grand tirage, de figures pittoresques sorties de l'imagination des Eugène Sue, Hugo ou Balzac, l'historiographie sait aussi ménager, en contrepoint, des coins plus souriants de petites filles modèles, de maternité épanouie et d'intérieurs douillets.

La Révolution a démontré les risques pour les hommes d'un renversement de l'ordre dit naturel. De la cocarde aux armes, n'y avait-il qu'un pas ? En tout cas l'échappée belle et son registre de possibles n'auront duré qu'un moment. Le Code civil s'empresse de faire rentrer les mères à l'abri de l'autorité maritale. Elles sont alors sommées de prendre en charge l'éducation des futurs citoyens. La remise en ordre sociale et politique passe d'abord par l'ordre familial. Adieu divorce, clubs et prises de parole... La logique bourgeoise fait front. Ainsi la période issue des Lumières et de la Déclaration des droits de l'homme fait figure de temps de repli, voire d'enfermement pour les femmes.

Sans surprise, les femmes sont donc assignées à jouer leurs rôles dans les coulisses de la vie domestique. Il arrive qu'elles fassent irruption sur la scène publique, hors des murs « protecteurs », emportées dans les errances vitales et suspectes de la rue. Pourtant, le scénario social ne se décrète pas. Les positions et les gestes des acteurs ne se déploient pas non plus de façon aléatoire. Si la violence a ses raisons et sa logique, il revient à l'historien de les restituer, d'en marquer les failles et les déraisons. Symptôme de crise certes, mais aussi composante de la norme, la violence appartient surtout à un régime plus durable, plus ordinaire, où se négocient les relations de pouvoir.

À parcourir le dossier historiographique de la violence au XIXᵉ siècle, on peut jouer à pointer les zones d'ombre (les enfants battus, les viols, l'inceste...), à estomper le trait trop appuyé des « classes dangereuses » commodément assimilées aux « classes laborieuses », à brocarder les excès d'une littérature réaliste, habile à flatter un public fasciné par l'extraordinaire. Sans changer ni multiplier les cartes, on peut aussi les battre autrement, tenter un nouvel agencement.

Dans un premier temps, il faudra revisiter l'historiographie foisonnante de la criminalité. Comment le crime est-il nommé, classé, mis en relation avec ses causes et ses effets ? Comment peut-il être excusé, réprouvé, réprimé ? Bref, comment est-il pensé dans ses rapports avec le contexte social ? Autrement dit la violence pour l'historien s'identifie d'abord avec ce qui émerge hors du droit et des codes, dans le contexte de l'époque. Les traces qu'en donnent les archives construisent un répertoire de significations plus ou moins cohérentes, mis au service de projets politiques contradictoires. Ces usages sociaux de la violence constituent la première question à poser aux sources.

Au croisement de la violence des corps, de la souffrance sociale et de l'idéologie, réalité et représentations sont étroitement mêlées. La violence doit également être débusquée dans les ressorts profonds des rapports sociaux et culturels. À ce point de la réflexion se pose le problème des outils conceptuels capables d'appréhender ces couches moins accessibles, moins immédiates, moins visibles. À titre d'exploration, le motif de la séduction, travaillé en creux au-delà des apparences lisses et évidentes, peut stimuler la réflexion. Relevant du signe et du rituel, ce registre de comportements à la fois élémentaires et complexes n'oppose pas seulement le féminin au masculin. Il est le lieu de jouissance, d'autonomie des corps et de la parole. Dans des mises en scène plus ou moins improvisées où chacun évalue les chances et les risques, le jeu n'est jamais gagné d'avance. Ainsi dans ses formes multiples d'attraction et de rejet, la rencontre entre les sexes devient un vecteur significatif de pratiques sociales paradoxales (séduction dolosive, prostitution[2]...).

Entre criminalité et séduction, on ne cherchera pas à établir des liens de causalité qui risqueraient de réduire le crime à un exutoire par où s'épanchent les ratés des relations entre les hommes et les femmes, et les codes d'approche à une expression euphémisée de la violence. Par des chemins croisés et complémentaires, une double approche conduit en définitive vers l'un des socles fondateurs de la vie sociale : vers ce faisceau de relations réciproques qui lient les acteurs au contexte culturel de leur époque, vers cette zone frontalière d'intrications entre les discours normatifs, les instances de régulation et les multiples ajustements singuliers. Dans ces conditions, la séduction, comme la criminalité, peut être abordée comme une espèce de grammaire du tissu social. Dotée d'exemples et d'exceptions qui confirment la règle, elle définit les seuils d'acceptabilité des modes expressifs, en des lieux et des temps spécifiques. L'étude de ces seuils critiques, situés entre désir et violence, devrait s'imposer comme une tâche difficile mais urgente pour l'histoire des femmes.

Une image forte peut nous mettre sur la piste des associations d'idées à la fois lointaines et suggestives : « Plus loin, une vieille femme, pâle et froide présentant ce masque repoussant du paupérisme en révolte, prêt à venger en un jour de sédition toutes ses peines passées[3]. » S'il s'agit là d'un détail pittoresque parmi des milliers d'autres dans l'œuvre de Balzac, il n'empêche, comme ailleurs, le motif de la misère et de la violence fédérées prend figure féminine. Dans cette apparition furtive, l'action reste improbable. Que la vengeance emprunte la main fragile et fanée de la vieille femme laisse peu à espérer de la justice sociale. Les maîtres peuvent dormir tranquilles. La scène brossée par Balzac, relevant de la thématique favorite de la littérature réaliste — la pathologie du corps social —, se lit d'abord comme une allégorie où chaque élément évoque minutieusement les aspects d'une idée : s'affrontent ici le réel de la misère et l'imaginaire de la délivrance, l'identification des femmes aux victimes du paupérisme et l'improbable partage des richesses et des pouvoirs. La souffrance comme mère des révoltes, ce motif obsède le XIXᵉ siècle. On notera que l'expression imaginaire le conjugue volontiers au féminin. Simple souci esthétique ? Certes, ce fragment s'inscrit dans une intrigue romanesque, *L'Interdiction* appartient à un projet plus général de peinture de la condition humaine, l'écriture est soumise aux règles du genre, le discours balzacien se nourrit des peurs et des désirs d'une société... Cependant, si cet énoncé peut être mis en exergue dans une réflexion sur la violence et les femmes, c'est qu'il fait figure de paradigme : du côté de l'extraordinaire et de l'exception se range la femme violente et du côté de l'ordinaire et de la norme, la femme victime. L'image balzacienne suggère comment, dans le raccourci des représentations, s'articule cette double évidence.

Le diagnostic des Comptes de la justice criminelle[4], dans leur implacable froideur, ressasse le même constat d'un bout à l'autre du siècle. Le dimorphisme sexuel est incontestable : bon an mal an, environ quinze pour cent de femmes figurent parmi les accusés. Plus souvent acquittées ou bénéficiant des circonstances atténuantes, minoritaires dans les prisons, très rarement exécutées, les femmes criminelles apparaissent marginales dans les séries statistiques. On ne s'étonne pas de voir la violence féminine s'exercer dans les espaces liés à l'économie traditionnelle de la cueillette, délits forestiers, ou à la préparation de la nourriture, empoisonnements. Au grand dam de Guerry, inventeur de la « science morale[5] », c'est au cœur des familles que les femmes deviennent criminelles : instigatrices de complots, elles arment le bras vigoureux d'un complice, quand elles ne sont pas elles-mêmes saisies de cette folie ou de cette passion qui pousse au meurtre. Le stigmate de la violence marque surtout la femme infanticide, perçue dans une tension qui lie l'acte de la solitude, de l'abandon et de la pauvreté, à la monstruosité de la mère détruisant le fruit de ses entrailles. En marge de cette criminalité qui désigne des femmes violentes, les sévices sur les enfants restent dans l'angle mort des séries statistiques. Moins visibles ou refoulés dans l'inconscient collectif, ils relèveraient néanmoins en grande partie de pratiques féminines. À ces manifestations bien circonscrites, s'oppose le cortège des exactions dont des femmes sont les premières victimes : crimes passionnels, attentats à la pudeur, outrages aux bonnes mœurs, coups et blessures, autant de catégories de délits qui soulignent la vulnérabilité de la position des femmes dans l'espace public et privé. Et encore. À cette classification, échappent la plupart des viols et le proxénétisme. Ils ne retiennent l'attention semble-t-il que dans la mesure où ils menacent plus la pudeur que la vie.

Cependant, les femmes violentes intriguent les observateurs. La criminologie triomphante de l'ère scientiste et positiviste s'évertue à saisir les lois et la régularité du « fait criminel », dans ses rapports avec la physiologie, la morale, l'économie et la vie sociale. On démontre que les délits, selon qu'ils visent les biens ou les personnes, se déploient dans un espace géographique donné (selon le schéma classique des Deux-France). C'est surtout la recherche de causes biologiques qui retient l'attention et qui devient une sorte de butoir de la réflexion, comme dans le cas du « criminel-né » de Lombroso[6]. Réformateurs et philanthropes attachent plus d'importance aux causes économiques. Dans ce contexte, les Guerry, Quételet, Joly, Bertillon... jusqu'à Tarde et Durkheim tentent, chacun à sa manière, de démêler la part de l'inné et du social[7]. En tout cas, le crime apparaît d'abord comme une affaire d'hommes, un acte viril, perpétré dans le terreau populaire et misérable des villes. Du côté féminin, la figure criminelle n'a pas de symétrie. Pour elle, les causes s'inscrivent d'abord dans le biologique. S'appuyant sur les discours médicaux en vogue, le criminologue a beau jeu d'échafauder son interprétation sur la pathologie sexuelle. La thèse de Lombroso est exemplaire de ce point de vue[8]. Alors que la femme est « un être si peu accessible aux paroxysmes érotiques », son crime surgit justement des excès de son sexe. La prostituée illustre opportunément cette déviance. En conséquence, « si l'on supprime les phénomènes sexuels, la femme criminelle n'existe plus, et encore moins la prostituée ». Dans une telle perspective, la prostitution se justifie néanmoins comme « mesure dérivative », comme « soupape de sûreté pour la moralité publique ». On va jusqu'à envisager une utilité de la femme « même par ses vices ». Cette vision naturaliste véhicule en outre l'idée que la criminalité des femmes est contagieuse et en ce sens plus dangereuse, de même que sa moralité paraît d'autant plus utile qu'elle est plus expansive[9]. La « nature » féminine, qui intrigue tant Michelet, se décline aussi bien chez les criminologues que chez les médecins sur l'air de la fragilité. Autant les jeunes gens seront accablés à la mesure de leur vigueur, de leurs errances et de leurs ambitions, autant les femmes, quel que soit leur âge, seront innocentées en vertu justement de cette fragilité « naturelle ».

Il semble que la règle du jeu ait été établie une fois pour toutes par le Code civil. L'impuissance maritale de la femme mariée ne la prive pas seulement de droits mais la place surtout sous la tutelle du mari. Ce statut de mineur, au même titre que celui de l'enfant, la soustrait certes à la sévérité des juges, mais la livre aussi corps et biens à l'arbitrage de l'époux. En cas de conflit, par exemple l'adultère de la femme prise en flagrant délit, il en va tout simplement de sa vie. Ainsi à la présomption de fragilité et d'irresponsabilité s'oppose le droit, pour le mari, de se faire justice. L'honneur sexuel, symbolisé par la fidélité de l'épouse, constitue un enjeu fondamental dans la relation de dépendance et de passivité cautionnée par le droit. De façon générale, la référence à l'honneur induit une certaine indulgence — exprimée à la fois dans le Code pénal et dans l'attitude des juges — vis-à-vis de l'homme blessé, fragilisé dans son identité masculine. Selon les milieux, les blessures de l'amour-propre s'expriment suivant des codes propres. On n'entend guère les cris et chuchotements des milieux bourgeois, tandis que les rixes et règlements de comptes dans les classes populaires résonnent plus souvent jusque dans la rue et devant la justice[10]. En tout cas, en dépit de cette image de fragilité, la femme encaisse les coups au péril de sa vie. Quand elle les assène, le délit paraît d'autant plus odieux qu'il émane de l'être fragile par excellence et qu'il exhibe des armes dérisoires soustraites aux tâches quotidiennes.

L'approche juridique de l'irresponsabilité féminine se greffe de toute évidence sur la question de la maternité. En effet, l'idée de fragilité semble compenser en quelque sorte l'extraordinaire pouvoir de donner la vie. Cet invariant si bien mis en lumière par Françoise Héritier[11] trouve au XIXe siècle une illustration tout à fait pertinente, dans l'articulation qui est faite entre violence et fonction maternelle. Dans la jurisprudence encore plus que dans le droit, la maternité crée l'exception au châtiment : la présomption de grossesse permet de gracier la coupable, d'atténuer ou de différer l'exécution de la peine ; la femme enceinte bénéficie généralement des circonstances atténuantes. D'une certaine façon, toute femme criminelle est aussi une mère en puissance. C'est sans doute à ce titre que Michelet peut s'offusquer qu'« un gouvernement qui guillotine une femme se guillotine lui-même ». Si elle préserve de la sanction, la maternité n'empêche pas, quand elle survient dans les failles du tissu social, les gestes criminels : avortements, infanticides, meurtres pour protéger l'enfant, ou sévices contre celui-ci. Campé sur ses positions de supériorité, Camille Granier exprime ce paradoxe avec une certaine dose de lucidité (ou de candeur ?), dans la conclusion de *La Femme criminelle* : « L'homme se trouvant encore maître de l'instruction de la femme, étant toujours accusé de tirer le plus grand bénéfice d'une organisation dont on lui attribue l'invention de toute pièce, doit se montrer ménager et indulgent dans la répression d'actes, dont il est parfois responsable, quoiqu'il en reste le seul appréciateur[12]. » Face au pouvoir exorbitant de donner la vie, les hommes à la fois juges et parties, se gardent bien de partager leurs prérogatives, dans tous les domaines, juridiques, économiques et politiques, quitte à sauver la face par une attitude quelque peu condescendante. L'idée d'irresponsabilité sert finalement autant à maintenir les femmes en position d'infériorité qu'à les protéger.

Ainsi, quand les magistrats modulent leur indulgence envers les femmes infanticides, ils participent des visées politiques du moment[13] : moins grave en période malthusienne, l'infanticide devient atteinte à la vie de la Nation dans un régime population-niste, voire un acte héroïque quand la grossesse résulte d'un viol par l'ennemi en temps de guerre[14]. Ces changements d'attitude traduisent en fait un renversement de perspective vis-à-vis de la question démographique qui n'est plus seulement pensée comme phénomène naturel mais comme bien collectif. L'État devient donc « comptable des existences[15] ». Les cris d'alarme se font plus sonores, tant du côté des médecins que des hommes politiques, pour dénoncer l'effrayante mortalité infantile perçue comme la cause majeure de la dépopulation. Dans la mesure où la protection de l'enfance, surtout après le traumatisme de 1870, devient principe de survie de la Nation, les atteintes à la maternité n'en sont que plus sévèrement réprimées. Ainsi, les ajustements de la jurisprudence en présence d'infanticides ou d'avortements répondent au souci politique de réguler et de moraliser la fonction maternelle (par ailleurs encouragée par des mesures sociales d'accueil des enfants illégitimes dans des « maisons maternelles » ou par le versement d'allocations pré- et post-natales à la fille mère, etc.). Il faut souligner que l'indulgence envers la mère infanticide arrange aussi le géniteur, légalement soustrait à la recherche en paternité et à la vindicte publique. Patrimoine et famille doivent rester à l'abri des désordres.

Tout se passe comme si les femmes, garantes de la famille, de la maternité et des bonnes mœurs, pesant donc très lourd dans le contrat social, devenaient subitement légères sur la balance de la justice. Entre le rôle social prescrit dans le Code civil et l'indulgence consentie par le Code pénal, se nouent des relations complexes qui fondent sur la différence des sexes la conception même de la violence. Reste la question essentielle formulée par Michelle Perrot : « Cette indulgence, au fond, n'est-elle pas suspecte ? Refuser à la femme sa nature criminelle, n'est-ce pas encore une façon de la nier[16] ? » La société du XIXe siècle apporte une réponse paradoxale en liant, autour de la fragilité et de l'irresponsabilité, les principes mêmes de la violence symbolique et de l'exclusion des droits civiques. La non-reconnaissance du potentiel de violence chez la femme est aussi une façon de nier le travail d'incorporation des normes, si prégnant dans les projets pédagogiques pour les filles à cette époque. Pour elles en effet, on se préoccupe moins de l'apprentissage des savoirs intellectuels que de l'acquisition des techniques de soi : discipline des corps, ritualisation du temps et de l'espace domestique, morale de l'organisation des faits et gestes (par exemple à travers le devoir d'écriture épistolaire, la tenue d'un journal intime ou la fabrication d'une marquette[17]), contrôle des consciences par l'introspection quotidienne et les visites au confesseur[18]. Cet ensemble de dispositifs, qui concerne d'abord les classes les plus aisées et à travers elles la communauté virtuelle des femmes, vise à adoucir les mœurs, à détourner de l'agression brute, à refréner la satisfaction immédiate du désir, à canaliser les émotions. Cette figure de la « femme civilisatrice » resurgit au fil de l'histoire, selon des modalité propres à chaque époque, et va de pair avec les représentations de son infériorité, inlassablement répétées et inscrites dans les pensées et les corps des unes et des autres. L'emprise de cette image double, comme mise en abîme, ponctue différentes étapes dans l'histoire des femmes.

À l'évidence, la criminalité observée, classée, raisonnée n'englobe pas toute la violence. Certes, en rendant pensable l'infraction, le droit s'efforce de désigner des formes spécifiques de violence et de les canaliser. Dans une certaine mesure, on peut admettre qu'en codifiant tout, « les sociétés industrielles fabriquent des délinquants[19] ». Restituer la logique des catégories et ses divers usages reste donc une approche préalable à l'histoire de la violence. Cependant, des pratiques moins scandaleuses, plus ordinaires, voire protégées par des idéologies et des institutions respectables, échappent à l'observation classique.

Un autre regard consisterait à considérer la violence dans ses fondements, non plus comme accroc ou déchirure apparente mais comme non-événement, dans la tension même des fils qui font le tissu social. Ainsi la séduction, qui gouverne le commerce entre les sexes et préside à la naissance de l'amour, peut aussi, à tout instant, basculer dans son contraire, la haine et l'agression. Ce potentiel de violence susceptible d'imprégner les relations humaines, philosophes et psychologues en ont déjà pris la mesure [20]. L'historien est sans doute moins bien outillé pour aborder les traces du passé dans cette perspective, mieux documenté sur les discours normatifs que sur les codes implicites, leurs ajustements ou leurs déplacements. Néanmoins, on peut ébaucher ici quelques propositions.

Réfléchir au vocabulaire esquisse déjà une histoire [21]. La composition du verbe latin *seducere* marque à la fois la séparation *(se)* « emmener à part » et la conduite *(dux, ducis,* le chef). En latin ecclésiastique, puis populaire, séduire signifie corrompre, détourner du vrai, désignant par séducteur la personne qui fait tomber en erreur, au masculin comme au féminin, sens en usage jusqu'à l'époque classique, notamment dans *esprit séducteur* « démon » (1690). De l'idée de corruption, on est passé à l'acception moderne : « amener une femme à se donner », puis vers la fin du XVIIe siècle, au sens de « convaincre quelqu'un en employant tous les moyens de plaire », acception aujourd'hui archaïque, le verbe n'ayant plus de connotation intellectuelle. Séduire ne correspond plus qu'à l'idée de « plaire ». Cette valeur se développe au XVIIIe siècle, soutenue par les emplois de séduisant, séducteur et séduction. Mais l'ambivalence cependant demeure. Du côté du droit qui a conservé le sens religieux et moral, la « séduction dolosive » signifie qu'un homme amène une femme, par manœuvre frauduleuse, abus d'autorité ou promesse de mariage, à consentir à des relations hors mariage. La relation est dans ce cas essentiellement asymétrique et inégalitaire. Dans le langage courant, la séduction joue au contraire sur l'idée d'échange et d'équilibre. Elle évoque l'usage de divers moyens qui rendent l'attrait irrésistible : l'art de plaire développe ainsi toute une culture de la « captation » où la parole, entre autres appas, joue un rôle primordial. Une large palette de gestes et de mimiques, d'agréments et de charmes appartient au jeu de la séduction où des règles, variables selon les contextes historiques, déterminent ce qui est dicible et recevable, aux limites si ténues de la contrainte et du consentement.

Dans cette perspective, une histoire de la séduction devrait explorer en premier lieu les diverses manières de dire et de faire de la sociabilité ordinaire. Selon les contextes, les pratiques et les codes de séduction ne situent pas les hommes et les femmes dans des positions équivalentes. Il faudrait voir par exemple comment le travail des apparences sur le corps s'inscrit dans des comportements différentiels de séduction où la femme, à la fois corsetée et pudibonde, exhibée en lieux et circonstances autorisés, ne peut être que « séduisante », tandis que l'homme, entreprenant et moins contraint dans ses atours et ses mouvements, se doit de jouer le « séducteur ». Il faudrait évaluer comment l'inculcation des valeurs de conquête chez les garçons (portant haut les couleurs guerrières du conquérant) et de modestie chez les filles (réfléchissant les images complémentaires de la reddition) renvoie les uns à un usage légitimé de la force et de l'audace, les autres aux tactiques travaillées de la ruse et de la dissimulation. Dans un affrontement de mimiques, de sourires et d'œillades équivoques, les armes de la séduction féminine méritent aussi attention. Subtilement assimilées à la prostitution, à la nymphomanie ou à l'hystérie, elles n'en risquent pas moins de précipiter les fils d'Adam dans le péché et le malheur. Il resterait encore à explorer les modalités de la ségrégation des sexes, si caractéristique du XIXᵉ siècle : examiner les vertus et les effets de la hantise de la promiscuité, tant sur les lieux de travail (comme dans le cas des ateliers internats de l'industrie de la soie) que dans les écoles et pendant les activités de loisirs (par exemple la mode des clubs et des cercles à l'anglaise qui exclut les femmes de la conversation). On ferait ainsi apparaître que les « bonnes mœurs » investies par les sciences médicales et juridiques sont essentiellement une catégorie morale et politique, un instrument subtil pour régir l'ordre social.

La régulation des relations entre les hommes et les femmes, comme garante de la logique morale et politique, engendre aussi ses échappées et ses transgressions : pudeur et « mur de mystère [22] » suscitent frustrations et agressions. Pour preuves : la prégnance des coutumes matrimoniales, dans le Gévaudan par exemple, excluant les cadets du patrimoine, permet de banaliser les viols que ceux-ci commettent sur les jeunes paysannes. Le viol est alors conçu comme « une variante des conduites ordinaires dans les rapports hommes-femmes [...]. L'idée même de la plainte semble impossible à concevoir, informulable. La normalité sexuelle englobe l'éventail de ses conséquences : la violence, la frustration, la mort [23] ». Autres situations : le regroupement des travailleuses en des lieux étroitement surveillés les livre aux caprices et à la lubricité de certains contremaîtres. La soumission des domestiques aux avances pressantes de patrons sans scrupule s'inscrit dans la même logique d'enfermement et de violence ordinaire [24]. Le bon ordre familial s'accommode de rapports extra-conjugaux et de recours à la prostitution, sous couvert de discrétion et de clandestinité [25].

Ces comportements, légitimés par les avatars de la culture de séduction, échappent en majorité aux rets du contrôle judiciaire et placent, en des circonstances précises, les relations entre les hommes et les femmes dans une logique de violence. La non-recherche en paternité illustre parfaitement cet engrenage mis au service du libéralisme bourgeois : le Code civil, par cette disposition particulière, libère en quelque sorte les hommes « honorables », mais séducteurs, des contraintes que faisaient peser sur eux les recours légaux dont disposaient les filles séduites et abandonnées sous l'Ancien Régime [26]. Une attitude plus libre envers le plaisir sexuel joue d'abord en faveur des hommes mais contre les femmes. La montée des naissances illégitimes, des enfants trouvés et des actes d'infanticide jusqu'au milieu du siècle peut être interprétée comme la face cachée et souffrante d'une plus grande désinvolture vis-à-vis des normes, pour laquelle hommes et femmes, selon la position sociale, ne paient pas le même prix[27].

On a pu observer une évolution dans l'expression du sentiment amoureux ou dans les rites de séduction. Par exemple, l'apparition du flirt : comme mode d'approche codé, il permet de concilier la virginité, la pudeur et les impératifs du désir[28]. Si le développement de ces nouveaux codes témoigne d'un progrès dans la maîtrise des émotions, l'hypothèse d'une plus grande liberté de mœurs, précisément conditionnée par le contrôle de soi[29], n'efface pas l'évidence de la violence conjugale, de façon constante au cours du siècle. Soumise et honteuse en milieu bourgeois, la femme battue se tait et se terre pour éviter les douloureuses résurgences (une mise au jour devant la justice) ; en milieu populaire, elle fait figure de rebelle ou de mégère, plus soucieuse de se défendre ou de protéger ses enfants que de sauver les apparences, souvent au péril de sa vie (plus de la moitié des femmes tuées par un homme sont des femmes battues). Les séries U des archives ne montrent que la partie émergée de l'iceberg[30].

Cette approche de la violence au XIXᵉ siècle nous amène finalement à interroger le socle socioculturel où se négocient les relations entre hommes et femmes, les façons d'exister dans la différence. Poser le regard sur les seuils critiques de la séduction, dans ses liens si complexes avec la criminalité, peut avoir le mérite de faire apparaître en clair-obscur les deux faces d'un même phénomène : visible et caché, accidentel et ordinaire, superficiel et profond, raisonné et inconscient. Au lieu d'opposer des formes de violence féminines et masculines, au lieu d'en rester à l'évidence du dimorphisme, ce changement de perspective laisse entrevoir une articulation possible entre l'infraction à la loi et l'habitus des relations de sexes : dans des registres apparemment opposés, c'est bien la différence entre hommes et femmes qui est pensée comme un enjeu permanent de l'ordre social.

La même problématique pourrait être développée à propos

de la violence d'État qui, précisément au xixᵉ siècle, change de nature, comme l'a montré Michel Foucault[31] : le droit de mort sur le peuple, qui se manifeste dans le pouvoir d'engager des guerres avec leurs cortèges de pertes et de massacres, s'allie au pouvoir de gérer la vie. Axé essentiellement sur les disciplines du corps et les régulations de population, ce « bio-pouvoir » s'exerce à travers diverses institutions : l'armée, la police, la prison, l'école, la médecine, la famille. Dans une sorte de convergence des phénomènes, ces instances opèrent comme autant de facteurs de contrainte des corps et des esprits, de ségrégation et de hiérarchisation sociale. La logique capitaliste profite au premier chef de cette « grande technologie du pouvoir du xixᵉ siècle ».

Dans des agencements concrets et complexes, se met en place un État-Providence qui octroie aux femmes un traitement paradoxal : à la fois fragiles et irresponsables, mais investies d'une puissance exorbitante, elles sont de plus en plus placées sous tutelle sociale et économique. Le déni d'une nature violente, intégré dans le droit et les pratiques, permet finalement de servir divers objectifs : il conforte la domination masculine dans son rôle protecteur, le dol n'étant perçu que comme un vice du consentement ; il rend service à des instances conquérantes comme l'ordre bourgeois, la science médicale ou les cercles politiques ; il permet surtout d'assigner les femmes à des fonctions spécifiques qui les excluent précisément des espaces de pouvoir.

NOTES

1. Les ouvrages de référence sont essentiellement ceux de L. Chevalier, *Classes laborieuses et classes dangereuses à Paris pendant la première moitié du xixᵉ siècle*, Paris, Plon, 1958 ; de J.-C. Chesnais, *Histoire de la violence en Occident de 1800 à nos jours*, Paris, Robert Laffont, 1981 ; et de M. Perrot, *Histoire de la vie privée*, t. 4 : *De la Révolution à la Grande Guerre*, Paris, Seuil, 1987 : l'un des chapitres s'intitule : « La famille triomphante ».

2. M.-V. Louis, *Le Droit de cuissage, France, 1860-1930*, Paris, Éd. de

l'Atelier, 1994 ; A. Corbin, *Les Filles de noce. Misère sexuelle et prostitution aux xixᵉ et xxᵉ siècles*, Paris, Aubier, 1978.

3. H. de Balzac, *L'Interdiction* (1836), Éd. de l'Imprimerie nationale, 1951, p. 23.

4. Ministère de la Justice, *Compte général de l'administration de la justice criminelle en France pendant l'année 1880 et rapport relatif aux années 1826 à 1880*, commenté par M. Perrot et Ph. Robert, Genève, Slatkine, 1989.

5. A.-M. Guerry, *Essais sur la statistique morale de la France*, Paris, Crochard, 1833.

6. C. Lombroso, *L'Homme criminel, criminel-né, fou moral, épileptique. Étude anthropologique et médico-légale*, Paris, F. Alcan, 1887, 2 vol.

7. La bibliographie sur la criminologie est trop importante pour être citée ici. Voir l'introduction de M. Perrot dans *Compte général..., op. cit.* Les auteurs les plus représentatifs pour notre propos sont Aubry (docteur), *La Contagion du meurtre. Étude d'anthropologie criminelle*, Paris, F. Alcan, 1887. A.-M. Guerry, *op. cit.* H. Joly, *Le Crime. Étude sociale*, Paris, Le Cerf, 1888. Quételet, *Sur l'homme et le développement de ses facultés. Essai de physique sociale*, 1835. G. Tarde, *La Criminalité comparée*, Paris, F. Alcan, 1886. E. Durkheim, *Le Suicide, étude de sociologie*, Paris, F. Alcan, 1897.

8. C. Lombroso et G. Ferrero, *La Femme criminelle et la Prostituée*, Paris, F. Alcan, 1896, trad.

9. Aubry, *La Contagion..., op. cit.*

10. J. Guillais, *La Chair de l'autre. Le crime passionnel au xixᵉ siècle*, Paris, Orban, 1986. A.-M. Sohn, *Les Rôles féminins dans la vie privée à l'époque de la Troisième République. Rôles théoriques, rôles vécus*, thèse Paris-I, 1993, 5 vol.

11. F. Héritier, *Masculin/féminin. La pensée de la différence*, Paris, Odile Jacob, 1996.

12. C. Granier, *La Femme criminelle*, Paris, O. Doin, 1906.

13. R.G. Fuchs, *Poor and Pregnant in Paris. Strategies for Survival in the Nineteenth Century*, New Brunswick, New Jersey, Rutgers University Press, 1992. C. Rollet-Echalier, *La Politique à l'égard de la petite enfance sous la Troisième République*, INED-PUF, 1990.

14. S. Audouin-Rouzeau, *L'Enfant de l'ennemi, 1914-1918*, Paris, Aubier, 1995.

15. C. Rollet, « L'enfance, bien national ? Approche historique », *in* F. de Singly (éd.), *La Famille. L'état des savoirs*, La Découverte, 1991, pp. 310-319.

16. M. Perrot, « Délinquance et système pénitentiaire en France au xixᵉ siècle », *Annales ESC*, 1975, pp. 67-91.

17. Petit carré de canevas où les petites filles brodent au point de croix l'alphabet de A à Z et les chiffres de 1 à 9 avec le 0 au bout. Sur les fonctions de la marquette, voir Y. Verdier, *Façons de dire, façons de faire. La laveuse, la couturière, la cuisinière*, Paris, Gallimard, 1979, pp. 177-195.

18. A. Corbin, « Coulisses », *in Histoire de la vie privée*, t. 4, *op. cit.*, M. Perrot (dir.), pp. 503 *sq*. Ph. Lejeune, *Le Moi des demoiselles. Enquête sur le journal des jeunes filles*, Paris, Seuil, 1993.

19. M. Perrot, « Délinquance... », art. cit.

20. J. Baudrillard, *De la séduction*, Paris, Galilée, 1979 (rééd. 1992). M. Olender et J. Sojcher (dir.), *La Séduction*, colloque de Bruxelles, Paris, Aubier, 1980. J. Laplanche et J.-P. Pontalis, *Vocabulaire de la psychanalyse*, Paris, PUF, 1967.

21. A. Rey, *Dictionnaire historique de la langue française*, Paris, Le Robert, 1992 ; Larousse, *Grand Dictionnaire universel du XIXᵉ siècle*, 1865-1876 ; Littré, *Dictionnaire de la langue française*, 1863-1869 ; *Grande Encyclopédie. Inventaire raisonné des sciences, des lettres et des arts par une société de savants et de gens de lettres*, Paris, H. Lamirault et Cie.

22. N. Elias, *La Civilisation des mœurs*, Paris, Calmann-Lévy, 1973.

23. É. Claverie et P. Lamaison, *L'Impossible Mariage. Violence et parenté en Gévaudan aux XVIIᵉ, XVIIIᵉ et XIXᵉ siècles*, Paris, Hachette, 1982, p. 218.

24. O. Mirbeau, *Le Journal d'une femme de chambre*, Paris, Fasquelle, 1964. A. Corbin, *Les Filles de noce...*, *op. cit.*, p. 550.

25. *Ibid.*, p. 534 *sq*.

26. V. Demars-Sion, *Femmes séduites et abandonnées au XVIIIᵉ siècle. L'exemple du Cambrésis*, éd. Ester, 1991.

27. J.-L. Flandrin, *Les Amours paysannes (XVIᵉ-XIXᵉ siècle)*, Paris, « Archives », Gallimard-Julliard, 1975.

28. A. Corbin, *Les Filles de noce...*, *op. cit.*, p. 546.

29. J.-C. Kaufmann, *Corps de femmes, regards d'hommes*, Paris, Nathan, 1995.

30. A.-M. Sohn, *Les Rôles féminins...*, *op. cit.*

31. M. Foucault, *Surveiller et punir. Naissance de la prison*, Paris, Gallimard, 1975.

NANCY L. GREEN

La construction de la délinquance féminine

Qui séduit qui ? Comment et quand la séduction devient-elle un crime ? Qui est coupable du « crime » de la séduction ? Comment faire une histoire de cette notion et analyser son évolution dans le temps ? Ces questions ne perdent rien de leur pertinence au XXe siècle, même, ou surtout, dans l'Amérique « puritaine » (ou plutôt « victorienne »). La prostitution, les grossesses répudiées par la famille, l'arrestation et l'incarcération des filles et/ou des garçons pour activités contraires aux bonnes mœurs ont débouché sur ce qui fut nommé au début du siècle le « girl problem ». S'appuyant sur les archives judiciaires et la correspondance pénitentiaire, deux ouvrages récents — *Delinquent Daughters : Protecting and Policing Adolescent Female Sexuality in the United States, 1885-1920*, par Mary E. Odem[1], et *The « Girl Problem » : Female Sexual Delinquency in New York, 1900-1930*, par Ruth M. Alexander[2] —, qui ont pris comme objet ce « problème des filles », montrent comment le délit de la séduction fut construit sur fond de transformations socio-économiques et de définition de la sexualité féminine.

Il s'agit moins ici d'une violence physique que d'une violence morale qui s'exerce contre la famille, contre la société. La violence physique, des femmes et sur les femmes, n'est pas absente. La réformatrice Frances Willard se plaignait des lois qui condamnaient des filles infanticides et laissaient courir les hommes qui les avaient abandonnées. Dans le sud des États-

104

Unis, après l'Émancipation, les pressions sexuelles d'hommes blancs vis-à-vis de femmes noires continuèrent bien au-delà de la fin de l'esclavage et les viols collectifs firent parfois partie des actions du Ku Klux Klan lors des émeutes raciales. Mais plus souvent dans les cas étudiés, la délinquance se manifeste dans des familles marquées par des dysfonctionnements voire des abus sexuels et/ou physiques[3]. (Un tiers des filles dans l'échantillon de Ruth M. Alexander ont subi des abus sexuels.) Or, le « crime » des filles allait des sorties trop tardives et de la désobéissance tous azimuts au crime ultime : les rapports sexuels en dehors du mariage.

La question est de savoir comment la loi, les réformateurs (rices), les familles et les filles elles-mêmes percevaient cette sexualité « criminelle ». Ces ouvrages y répondent de deux manières, à la fois historique et historiographique. La perspective historique, tout d'abord, donne à voir l'arrière-plan social ainsi que les transformations dans les représentations culturelles. La croissance des villes, l'industrialisation, les migrations (internes au pays tout comme celles venant du dehors), ainsi que l'émergence d'une vie sociale publique — parcs d'attractions, cinémas, dancings[4] — donnent le cadre des échappées des filles. La surveillance familiale doit se débattre face à l'extérieur où les filles vont désormais travailler, face aussi à la vie de la rue, où les adolescents fuient des logements exigus et les normes étouffantes et où les familles ont de moins en moins de contrôle.

La force du livre de Mary E. Odem en particulier est de montrer comment les définitions de la sexualité et de sa criminalité se déclinaient selon le sexe des sujets, celui des juges (elle montre l'importance d'une vision alternative, plus « maternelle » de la répression), selon la classe sociale des réformatrices et des filles et selon la race. La définition de viol dans le Sud servait non seulement à protéger les jeunes filles blanches, mais était surtout utilisée pour incarcérer voire lyncher les hommes noirs. Et pour les réformatrices blanches, les filles noires continuaient souvent à représenter une vision plus ancienne de la fille dangereuse.

Mary E. Odem montre de manière convaincante comment trois images se succèdent à la fin du XIXe et au début du XXe siècle, de la tentatrice à la victime et à la délinquante. Il y a d'abord la « fallen woman », la femme déchue et dangereuse qui règne dans les imaginaires jusqu'aux environs des années 1880, quand les mouvements de réforme — dont s'occupent principalement ces deux auteurs — déplacent le regard, la notion de faute et les idées sur la sexualité féminine. Puis s'élabore, à la fin du XIXe siècle, un deuxième récit de la séduction, où les filles sont décrites comme victimes plutôt qu'actrices, objets de l'exploitation et de la lubricité masculines. Suggérée par les réformatrices blanches de la classe moyenne, cette nouvelle perception participe à leurs actions en faveur de deux buts concrets : redéfinir vers la hausse l'âge juridique du consentement (« statutory rape law »), ce qui protégerait plus de filles tout en augmentant la criminalité définie comme masculine ; et ériger des abris et de nouvelles maisons de correction pour secourir et redresser les filles.

Or, l'imaginaire des réformatrices « progressistes » ne correspondait pas tout à fait à la réalité. D'une part, le changement dans la définition du crime avait peu d'écho dans l'appareil judiciaire où la répression de la criminalité sexuelle restait soumise à une dissymétrie désespérante : pour les mêmes actes, les garçons et les hommes étaient toujours incarcérés bien moins souvent et moins longtemps que les filles. D'autre part, le profil des filles arrêtées correspondait peu au récit de séduction de la pauvre employée par le méchant marchand. Les trois quarts des filles arrêtées dans l'échantillon de Mary E. Odem dans le sud de la Californie n'étaient ni « tentatrices » ni « victimes ». Elles avaient eu des rapports avec des jeunes hommes de leur milieu. Dans le cas de viol ou d'abus sexuel, le coupable se trouvait souvent dans leur entourage. La criminalité sexuelle sévissait plutôt au sein de la classe ouvrière elle-même. Et, décelées à partir des archives judiciaires analysées par Mary E. Odem et plus encore à la lecture des lettres envoyées des maisons de correction étudiées par Ruth M. Alexander, les filles avaient leurs propres explications à leurs actions : rapports intimes avec un petit ami, le mariage attendu (l'amour bafoué), le désir ou la nécessité d'échapper au contrôle, à la pauvreté, ou à une vie familiale malheureuse, ou tout simplement l'aventure, profitant des nouveaux modes d'amusements. La « criminalité sexuelle » pouvait être une stratégie de survie, vue d'en bas.

Néanmoins, l'État, les réformatrices et les familles conjuguaient leurs efforts pour définir les normes de l'acceptabilité : l'État, pour préserver une citoyenneté morale et honnête, et les réformatrices, pour préserver un certain idéal féminin. Or, la définition/répression de la sexualité hors mariage n'était pas l'apanage des seules réformatrices blanches, protestantes, américaines. Les filles arrêtées l'étaient souvent à l'instigation de leur propre famille, ouvrière, outrée par les comportements de leurs enfants. Les familles immigrées en particulier trouvaient que leurs codes d'honneur, leurs traditions religieuses et leurs systèmes patriarcaux étaient mis à mal par la confrontation avec un nouveau monde. Débordées ou exaspérées, les familles se tournaient vers les tribunaux (la moitié des arrestations de l'échantillon de 1920 de Mary E. Odem étaient suscitées par les familles), qui pour déplorer le maquillage de leur fille, symptôme de problèmes plus graves, qui pour se désespérer de ses fréquentations (« Ils ne sont pas de notre langue », se plaignait une mère italienne des amis américains de sa fille, tout comme une famille juive du petit ami non juif). Ainsi, comme le remarque Ruth M. Alexander, les filles qui cherchaient à se libérer de la tutelle familiale se retrouvaient souvent sous contrôle judiciaire, tandis que les familles qui cherchaient non pas à se débarrasser, mais à obtenir de l'aide pour contrôler leur propre fille, se trouvaient privées de leur présence et de leur salaire.

Le « girl problem » devient une préoccupation de plus en plus répandue quand les États-Unis entrent en guerre, et que les filles « khaki-mad » (folles du kaki) commencent à traîner près des bases militaires. Des filles aux hommes, le regard se tourne vers l'environnement social en général. La critique de la sexualité adolescente débouche sur une critique plus large de la famille ouvrière. De nouvelles maisons de correction vont inculquer les bonnes mœurs aux filles tout comme elles vont étendre leur surveillance sur les familles. Comme l'atteste la correspondance entre leurs administrateurs et les familles, ainsi que celle entre filles et familles, souvent censurée.

Une troisième image de la sexualité féminine apparaît donc peu à peu à travers la notion de délinquance. Sociologues et psychologues abandonnent les récits de séduction de la victime pour des études scientifiques. Ils reconnaissent à l'adolescence le statut de stade spécifique de la vie qui nécessite une surveillance accrue et une amélioration de leur environnement. *Adolescence : Its Psychology and its Relations to Physiology, Anthropology, Sociology, Sex, Crime, Religion, and Education*, de G. Stanley Hall (1904) et *The Delinquent Child and the Home*, de Sophonisba Breckinridge et Edith Abbott (1912) auront un impact important dans la formulation de cette troisième représentation qui transforme la fille victime en « délinquante » certes, mais en « agent social » ayant une autonomie et une sexualité propre (« social agency »). Élaborées par et pour les classes moyennes, ces théories n'arriveront toutefois pas à balayer entièrement l'idée, toujours tenace, selon laquelle la délinquance adolescente ouvrière mène droit vers la prostitution.

Pour comprendre les transformations dans la définition de la criminalité sexuelle, nous bénéficions non seulement de la recherche historique mais de nouveaux questionnements historiographiques. Les deux ouvrages décrivent des changements dans les représentations dans le temps tout comme ils participent à un nouveau récit, historiographique celui-ci, qui souligne l'action propre (l'« agency ») des êtres en général et celui des femmes en particulier. Transformer l'objet en sujet n'est pas seulement un fait d'histoire du début du XXe siècle, il est aussi un fait historiographique de cette fin de siècle. Au-delà de l'histoire du contrôle social, de la surveillance et de la punition, la nouvelle façon de faire l'histoire des « mauvaises filles » incite à une relecture importante des discours et des motivations des réformateurs comme du système pénal, des modes de représentation et des narrations changeantes sur la délinquance féminine. Là où Mary E. Odem analyse les circonstances atténuantes et l'arrière-plan sociologique qui fait parfois de la sexualité hors norme un mode de vie ou de survie, Ruth M. Alexander va encore plus loin. Elle souligne le « défi volontaire » (« willful defiance ») des incarcérées qu'elle appelle les « rebelles troublées » (« troubled rebels »). Leurs activités, devenues plutôt sympathiques, témoignent d'une recherche d'identité sociale à travers la sous-culture de la jeunesse ouvrière urbaine.

L'ironie de cette approche est peut-être que l'imagerie de la faute liée à la séduction est revenue au point de départ. La fille n'est plus « dangereuse » mais néanmoins « délinquante ». La responsabilité (« agency ») des délinquantes rejoint-elle celle des séductrices de l'imaginaire du XIXe siècle ? En renversant historiquement et historiographiquement le récit de la victime, les hommes ont quelque peu disparu non seulement des prisons, mais de l'histoire, comme de l'attribution de la « faute ». Dans la construction de la criminalité féminine, la criminalité masculine reste en creux. Néanmoins, ces deux livres ont le grand mérite de retrouver une autre vision de la séduction et de la délinquance. Ces questions vont au cœur des représentations dimorphiques de la sexualité, du consentement, et du « crime ».

NOTES

1. Chapel Hill, University of North Carolina Press, 1995.
2. Ithaca, Cornell University Press, 1995.
3. Voir deux récents ouvrages concernant la violence domestique : Linda Gordon, *Heroes of their Own Lives : The Politics and History of Family Violence*, New York, Viking, 1988 ; Elizabeth Pleck, *Domestic Tyranny : The Making of Social Policy against Family Violence from Colonial Times to the Present*, New York, Oxford University Press, 1987.
4. Voir par exemple Kathy Peiss, *Cheap Amusements : Working Women and Leisure in Turn-of-the-Century New York*, Philadelphie, Temple University Press, 1986.

MARIE-ÉLISABETH HANDMAN

L'enfer et le paradis ?
Violence et tyrannie douce en Grèce contemporaine [1]

Si l'historien critique ses sources, s'interroge sur le point de savoir qui parle de qui (un homme d'une femme ? une aristocrate d'un paysan ?) et dans quel contexte socio-historique (quelle cause propre au XIXᵉ siècle Michelet défendait-il en prenant la défense de femmes du XVIIᵉ siècle victimes de la tyrannie de l'Église ?), l'anthropologue semble, par le contact direct avec la réalité observée, avoir la tâche plus aisée. Le chercheur sur le terrain, pour peu qu'il sache ouvrir les yeux, n'ignorera rien de la société dans laquelle il s'est plongé pour une longue période, afin d'en rendre compte aussi objectivement que possible. Or, pas plus que l'historien à ses archives, l'anthropologue ne peut se fier à lui-même. Car, d'une part, il a beau écarquiller les yeux, il ne verra jamais ce qu'il n'a pas interrogé — et il n'interroge pas les mêmes choses selon son sexe, son âge et les modes intellectuelles de son milieu d'origine — et, d'autre part, du seul fait qu'il est homme ou femme, jeune ou vieux, il n'obtiendra d'informations que celles que ses informateurs voudront bien livrer à un homme, une femme, un jeune ou un vieux... C'est pourquoi la comparaison entre deux situations villageoises à laquelle je vais me livrer ici pose problème : on peut dire que je n'étais pas la même personne sur chacun des terrains où j'ai enquêté. Les données recueillies à Pouri, petite communauté montagnarde de Thessalie, ont été obtenues dans les années 70 ; j'étais assez jeune, peu expérimentée et je connaissais mal la Grèce. À Arnaia, gros bourg de Macédoine, j'avais entre dix et vingt-cinq ans de plus (j'y ai travaillé à partir de 1983 et y retourne régulièrement depuis), j'avais acquis quelque expérience, mais aussi et surtout, le jour où mon fils y a fêté ses vingt ans, je suis entrée dans la catégorie des vieilles à qui l'on peut tout dire, notamment de la sexualité et de la sorcellerie. J'y ai donc obtenu des données concernant le vécu de la sexualité plus détaillées dans le second cas que dans le premier et qui contrastent vivement les unes avec les autres. Est-ce dû à ce que les informateurs m'ont livré un discours plus normatif à Pouri qu'à Arnaia ? L'ethnologue peut facilement se laisser piéger par l'image qu'une société veut donner d'elle-même. La réalité qu'il croit saisir n'est jamais brute, elle est toujours déjà manipulée par ses « sources », et son propre travail d'élaboration fait qu'il livre au lecteur une réalité deux fois trahie. Au lecteur, donc, de se constituer en historien et de rétablir pour lui-même une vérité qui, de toute manière, ne sera jamais que la sienne...

Les coutumes locales traduisent mal les rapports sociaux de sexe réels

Les rapports sociaux de sexe dans la Grèce contemporaine présentent une très grande diversité selon les régions. Les coutumes locales, qui se maintiennent fortement en dépit d'un code civil strictement égalitaire depuis 1983, ainsi que le degré plus ou moins élevé d'insertion dans la modernité influent très nettement sur le statut des femmes dans la société. Cependant, quelles que soient les marges d'autonomie et même de pouvoir qu'accordent aux femmes certaines coutumes ou nécessités économiques, la domination masculine est la règle partout. Elle trouve sa légitimation dans les enseignements de l'Église orthodoxe ou de l'école, et toute l'éducation familiale vise à ce que les filles contribuent à la maintenir en intériorisant leur infériorité. Il s'agit là d'une violence globale à l'encontre des femmes, qui peut prendre des formes plus ou moins brutales selon les cas : la violence physique est tantôt valorisée, comme à Pouri, tantôt déniée, comme à Arnaia ; elle est exercée par les deux sexes selon des modalités et des proportions qui diffèrent : la violence psychologique ou symbolique parfois s'y ajoute, parfois la remplace, mais nul n'y échappe ni comme acteur ni comme victime. Pourra-t-il en être autrement aussi longtemps qu'il faudra faire accepter aux filles le postulat de la supériorité masculine et aux garçons la nécessité d'en perpétuer contre toute évidence l'illusion ? Ce postulat, en tout cas, s'incarne de manière si contrastée à Pouri et à Arnaia que le lecteur français aura du mal à croire que ces deux villages ne sont éloignés que de deux cent cinquante kilomètres. Pourtant, leurs différences ne sont guère plus frappantes que celles qui séparent la Lorraine du Gévaudan, pour prendre des exemples français bien connus des chercheurs[2].

Pouri est un village de huit cents habitants, accroché sur le flanc nord-est du Pilion à quelque six cents mètres d'altitude. Depuis 1917, les Pouriani sont devenus propriétaires de leurs terres et, après avoir connu une très grande pauvreté, ils se sont petit à petit enrichis depuis les années 60 en devenant arboriculteurs. Selon la coutume, l'assise économique d'un jeune couple repose sur la dot de la femme. Cette dot, constituée par le père et les frères de la jeune femme, comprend une maison (les familles sont donc pour la plupart nucléaires), des champs et de l'argent ; elle est censée assurer l'indépendance économique de la femme en cas de veuvage ou de divorce, mais dans les deux seuls cas de divorce survenus au village à la fin des années 70, les femmes n'ont jamais pu récupérer leurs biens dotaux. Ceux-ci, censés être la contribution de la femme aux charges du ménage, sont en réalité un cadeau du père à son gendre, puisque les femmes travaillent autant sinon plus que leur mari dans les champs et assument de surcroît toutes les tâches domestiques : l'honneur d'un homme serait à jamais terni s'il mettait la main à la pâte[3]. Dans la maison dotale, toutes les décisions sont prises par le mari, depuis celles qui concernent la gestion de l'exploitation agricole, jusqu'à celles qui concernent l'avenir matrimonial ou professionnel des enfants, en passant par le menu vespéral que la femme a seulement le devoir de préparer. Les femmes disent ne pas savoir gérer leurs biens, et c'est exact car personne ne leur apprend jamais à le faire. Dans la plupart des ménages, elles ne savent pas où le mari serre ses économies, et il est arrivé à plusieurs reprises, en cas d'accident du chef de ménage, que l'épouse soit incapable de trouver dans sa maison l'argent nécessaire au paiement du médecin. Les femmes ne doivent jamais avoir plus d'une toute petite somme sur elles : de quoi se rendre chez l'épicier pour acheter du sel ou du fil, mais une seule fois par jour seulement ; sortir de chez elles plus souvent serait manquer de sérieux, ferait l'objet de commentaires malveillants et se solderait par la fureur de leur époux. En principe, la maison ne manque de rien, le mari allant chercher à Volos en octobre, après la récolte des pommes, toutes les denrées non périssables nécessaires pour l'année, et la femme cultivant un jardin potager et trayant une ou deux chèvres pour les besoins en produits frais. Les femmes peuvent encore s'éloigner de leur foyer pour aller saluer et surtout aider des parents malades, pour aller à l'église le dimanche, ou pour se rendre avec leur mari au baptême, au mariage, à la fête du nom ou à l'enterrement de quelque parent, parrain ou ami, ou encore à la fête du village ou d'un village voisin.

Les femmes sont donc dépossédées des pouvoirs qui devraient être les leurs et placées sous haute surveillance. Il est rare qu'elles se rendent seules aux champs. Elles y vont généralement avec leur mari et travaillent sous ses ordres. Elles sont fières du fruit de leur travail — qui bien souvent se marque à leurs varices ou à leurs crises d'asthme —, mais elles ne sauraient s'en vanter : ce serait retirer au chef de famille son privilège de faire valoir ses capacités de gestionnaire et de travailleur. Ce serait se situer au-dessus de lui et les voisins en feraient des gorges chaudes — les voisines, surtout, car les femmes du village sont engagées dans une compétition pour la modestie, la bonne tenue du ménage et la réussite économique dans laquelle tous les coups sont permis et, au premier chef, le dénigrement ou la dénonciation de l'autre. Cela peut donner lieu à de véritables bagarres entre femmes, j'y reviendrai.

À Arnaia, les choses se présentent si différemment que le

sentiment le plus vivement ressenti par l'anthropologue qui passe d'un village à l'autre est un étonnement sans cesse renouvelé. Tout d'abord un homme vous servira volontiers le café ou l'apéritif, sans que sa virilité soit mise en doute pour autant, pendant que sa femme bavardera avec les invités, souvent passés à l'improviste. Ensuite, les femmes sont très présentes dans la rue ou dans les nombreux magasins qui, fréquemment, sont entre leurs mains ; à l'étrangère qui demande à une femme s'il y a une chambre à louer, elles ne répondent pas, comme à Pouri : « Je ne sais pas, je vais demander à mon mari » ; ce sera plutôt le mari qui répondra : « Je ne sais pas, je vais demander à ma femme » ! Ces premiers étonnements passés, lorsqu'on tente d'approfondir la question des rapports de sexe et que l'on se met à étudier la coutume, on s'aperçoit qu'elle est très différente de celle de Pouri et, dans sa lettre, infiniment... moins favorable aux femmes : en effet, traditionnellement et jusqu'au début des années 80, les femmes ne sont pas dotées et les hommes héritent en indivis des quelques biens immobiliers que possède une famille. Comment se fait-il, alors, que les femmes semblent détenir une telle liberté de mouvement et de parole et que les hommes ne se sentent pas menacés par le partage des tâches domestique ? L'une des premières raisons qui vient à l'esprit est l'absence, durant des décennies, de la plupart des hommes. Car les terres sont pauvres, et si quelques-uns parviennent à vivre de la polyculture-élevage, de l'artisanat, ou du commerce, le plus souvent, ils cherchent du travail hors du village et se font embaucher comme métayers, bûcherons ou mineurs dans un rayon de cent kilomètres autour du village. Les femmes, en se mariant, vont habiter chez leur mari où les attend un couple de beaux-parents, les frères mariés du mari avec épouses et enfants, et ses germains non mariés. Dans ces grandes maisonnées, elles tissent. Elles apprennent à le faire dès l'âge de douze ans et les revenus du tissage sont l'une des sources essentielles de survie des ménages ; ils sont gérés par la belle-mère. Du fait de l'absence des hommes, les femmes possèdent sur le village des savoirs qu'ils n'ont pas, si bien que pour toute décision économique ou matrimoniale, ils sont obligés d'en passer par les femmes et ils en conçoivent un très grand respect pour elles. Respect renforcé par la connaissance qu'ils doivent avoir de la valeur des produits tissés s'ils veulent les vendre à bon prix. Or la vente du produit leur incombe pour une large part. Les femmes ont le droit de sortir de chez elles, et elles le font souvent, que ce soit pour aller rendre visite à une voisine (l'entraide dans le quartier est fréquente et valorisée), faire des courses, ou même, en période creuse, faire un voyage organisé par l'évêque à quelque monastère ou lieu saint. Ces voyages, loin d'être interdits par les hommes, contribuent à leurs yeux au prestige de la famille. Ainsi, en dépit d'une institution coutumière qui leur fait violence, les femmes d'Arnaia ne se trouvent en rien dans la situation de dépendance de celles de Pouri.

En outre, dans les grandes maisonnées, elles étaient solidaires dans le travail et dans la nostalgie que leur procurait l'absence des hommes. Tout n'y était cependant pas très rose. Au retour des hommes, elles connaissaient un important surcroît de travail pour leur rendre au centuple les services domestiques qu'ils étaient en droit d'attendre et dont ils avaient été privés, puis elle ne tardaient pas à être à nouveau enceintes et, enfin, elles s'employaient à enrayer les fréquentes disputes entre frères provoquées la plupart du temps par les problèmes d'héritage. Quant aux sœurs non mariées, élevées dans l'amour et le respect de leurs frères, elles jalousaient leurs belles-sœurs au point d'exercer contre elles la magie noire afin de faire échouer le mariage ou l'empêcher d'être fécond. Le type de violences commises dans les deux villages ainsi que leur intensité se ressemblent donc peu. Examinons-les en suivant le cycle de vie des femmes.

Naître garçon ou fille

À Pouri, comme à Arnaia, la naissance d'un garçon est saluée par de grandes réjouissances. Aussitôt connue sa fortune, le père invite ses amis à boire. Si sa femme a accouché à la ville, il s'y rend immédiatement pour voir l'« enfant » (terme utilisé pour désigner les seuls garçons). Si c'est une fille, à Arnaia, on se contente de ne pas se réjouir, de ne pas aller à la clinique et si c'est la énième, le mari boudera sûrement un peu, la belle-mère plus encore, éventuellement on en donnera une en adoption à la demande d'une femme stérile de la parenté, et on en restera là. À Pouri, la femme qui met au monde plus d'une fille — surtout en l'absence de fils — est copieusement battue par son mari, éventuellement par sa belle-mère ; on lui reprochera de ruiner la famille, puisqu'il faudra doter toutes ces créatures. Dans les rares cas de grossesses extra-maritales connues à Pouri, les garçons avaient été mis à l'orphelinat et la seule fille dont j'aie entendu parler n'avait pas vécu plus de quelques jours. Elle n'était pas la seule à être ainsi partie dans les limbes : c'était autrefois le sort de bien des petites filles qu'on laissait mourir lorsqu'elles étaient malades[4]. À Arnaia, je ne connais pas de cas d'infanticide. Mais d'une part, même si les jeunes filles sont tenues à la chasteté, la tolérance est plus grande à l'égard des écarts de conduite, sans doute parce qu'un tel écart n'entraîne pas la nécessité d'augmenter une dot qui, traditionnellement, n'existe pas, et qu'il fait la preuve de la fécondité de la jeune femme ; cette preuve est également recherchée à Pouri mais seulement dans le cadre de fiançailles officielles. Une Pouriani qui reste stérile durant ses fiançailles risque d'être abandonnée (jamais la stérilité n'est imputée à l'homme) et ne retrouvera que très difficilement un conjoint. D'autre part, à Arnaia, il existe un réseau dense de circulation d'enfants au profit des femmes stériles (à Arnaia non plus, on n'impute jamais la stérilité à un homme, bien que, à la différence de Pouri, l'on sache que cela peut exister). Le don d'enfants s'inscrit dans une comptabilité complexe entre le monde d'ici-bas et celui de l'au-delà ; l'acceptation d'un enfant abandonné trouvé un beau jour sur le seuil de sa porte, également. Une femme qui refuse un enfant qui lui tombe du ciel est plus stigmatisée que celle qui l'a mis au monde hors mariage.

Éducation : les coups plutôt que la persuasion

À Pouri, la violence et même la cruauté sont fortement valorisées comme moyen d'éducation tant des garçons que des filles. Cette violence est exercée aussi bien par les mères que par les pères. Les mères cessent de battre leurs fils lorsque, à l'âge de douze ans, ils passent sous l'autorité directe du père, et s'amusent de la manière dont les petits leur rendent les coups, alors qu'elles ne l'acceptent jamais de la part de leurs filles. Les jeunes femmes modernes qui voudraient élever leurs enfants avec tendresse et persuasion, comme elles le voient faire à la télévision, ne connaissent que les gifles pour se faire obéir. Elles frappent même leurs nourrissons pour les faire taire, ce qui ne donne de résultats que lorsque le bébé, épuisé, finit par s'endormir. Elles reproduisent de la sorte une partie des châtiments qu'elles ont connus et qui, outre les coups de pantoufle ou de ceinture, comportaient la pendaison par les pieds et les poignets à la poutre maîtresse de la maison, la pendaison la tête en bas à une branche d'arbre avec, pour raffinement possible, l'allumage d'un petit feu pour « fumer » l'enfant insupportable, l'enfoncement d'aiguilles à repriser dans la paume, l'écrasement d'œufs à la coque encore bouillants sous les aisselles, etc. Il n'est pas de Pourianos qui ne se souvienne de tels traitements et ajoute, après les avoir évoqués : « Heureusement que mes parents m'ont traité ainsi ; c'est grâce à cela que je suis devenu quelqu'un de bien. » Les châtiments ne cessent pas avec l'enfance, car dans le système très hiérarchisé du village, un fils, même marié, est toujours un mineur, et une femme est à tout jamais une mineure[5]. Aux adultes s'applique plutôt la lapidation et nombreux sont les pères qui ont chassé un fils irrespectueux ou paresseux à coups de pierre[6], ou les belles-mères qui perfectionnent l'éducation de leurs brus de la même manière. Car si les belles-mères n'habitent pas sous le même toit que leurs fils, elles sont néanmoins, par eux et quotidiennement, mises au courant des moindres faits et gestes de leurs belles-filles. Bien sûr, celles-ci ne sont pas lapidées chaque jour, mais chaque jour elles ont leur lot de reproches et de

117

récriminations qui ne cessent que lorsque leurs propres enfants atteignent l'âge de la puberté.

Pour ce qui est des apprentissages, à Pouri, les filles, pourtant bonnes élèves parce que appliquées et obéissantes, étaient retirées de l'école dès que possible, les pères jugeant qu'une fille qui savait lire pensait nécessairement à mal[7], alors qu'à Arnaia, on poussait plus facilement les filles aux études. Bien sûr, dans les familles pauvres où il fallait qu'elles tissent très tôt, ce n'était pas le cas, mais l'argument utilisé n'était pas celui du savoir qui pervertit l'esprit des femmes[8]. À Arnaia, comme à Pouri, l'éducation des filles comporte davantage d'interdits que celle des garçons et on est plus sévère avec elles ; mais on y utilise davantage la persuasion que les coups. Non que les mères d'Arnaia se privent de gifler ou de punir leurs enfants : elles sont parfois même plus brutales que les pères qui compensent leurs absences en se montrant volontiers plus doux avec les enfants, sauf quand les mères en appellent à leur autorité. Mais les châtiments à Arnaia atteignent rarement les degrés de cruauté qu'ils connaissent à Pouri et, en tout cas, si la sévérité y est conseillée, elle est fréquemment contrebalancée par des récompenses (achat de jouets, de vêtements, autorisation de sortir) et la violence n'y est jamais valorisée.

Dans l'un et l'autre village, l'un des buts de l'éducation des filles est le même : leur apprendre à respecter les privilèges de leurs frères. Apprentissage nécessaire pour que les sentiments que les sœurs nourriront envers eux les empêchent de réclamer un héritage que les parents destinent aux garçons. À Pouri, les filles se contentent de leur dot, avance d'hoirie toujours inférieure à la part d'héritage à laquelle elles ont droit, mais à laquelle elles renoncent par reconnaissance pour ces frères qui, par un travail salarié loin du village, ont gagné l'argent nécessaire à la partie monétaire de la dot[9] ; à Arnaia, jusqu'à une période récente[10], elles ne recevaient qu'un trousseau, mais elles développaient pour leurs frères un amour sans borne, induit par l'admiration dont les parents faisaient preuve à l'égard de leur progéniture masculine. Aujourd'hui encore, les filles arniotes rentrent à la maison dès la sortie de l'école et n'en ressortent qu'une fois leurs devoirs terminés, et encore si leur mère n'a pas besoin de leur aide, alors que les garçons, en dépit des injonctions à finir d'abord leurs devoirs, courent les rues, puis les cafés du village, où ils apprennent toutes les formes de sociabilité masculine. À Arnaia, lorsque les filles ressortent, c'est surtout pour se livrer à la *volta*, cette promenade dans les rues du villages où jeunes et vieux, hommes et femmes, se montrent et s'observent ; de nos jours aussi, pour aller boire un verre dans les cafétérias mixtes qui ont envahi la place principale. À Pouri, en 1980, il n'y avait toujours pas de cafétéria et la *volta* n'avait jamais existé.

Corps, sexualité et vie conjugale

Dans un pays comme la Grèce, où la valeur des femmes dépend essentiellement de leur capacité à procréer, on pourrait s'attendre à ce que les mères instruisent leurs filles du fonctionnement gynécologique de leur corps. Il n'en est rien et, traditionnellement, aussi bien à Arnaia qu'à Pouri, les filles n'étaient pas averties de la venue de leurs règles. À Pouri, les mères s'en apercevaient aux taches de sang et au visage décomposé par la peur et la honte des fillettes. Elles les faisaient alors asseoir sur un bahut, leur flanquaient une violente paire de gifles et leur disaient : « Voilà ce que c'est que d'être femme ! » C'était là leur seule initiation sexuelle qui consistait, on le voit, à les punir de posséder un corps de femme. Elles n'étaient pas mieux préparées à la nuit de noces dont, dans les deux villages, elles entendaient parler en des termes effrayants. Il existe toutefois une grande différence entre Pouri et Arnaia en ce qui concerne le corps. À Pouri, faute de temps sans doute, les parents ne faisaient preuve d'aucune tendresse avec leurs enfants et toute démonstration d'un tel sentiment entre père et mère était proscrite[11]. Seuls les grands-parents se montraient affectueux avec les enfants, si bien que les corps étaient plus habitués aux coups qu'aux caresses[12]. À Arnaia, en revanche, on a toujours témoigné de la tendresse aux enfants, permettant aux jeunes corps de découvrir le plaisir des baisers et des caresses, les préparant ainsi à une sexualité moins strictement utilitaire qu'à Pouri.

À Pouri, l'acte sexuel était ressenti par les femmes comme un mal à subir pour avoir une progéniture et racheter ainsi leur nature mauvaise. Les Pouriani l'appelaient la *i doulia*, la besogne, et il est vraisemblable que, dans l'état de fatigue où se trouvaient les femmes après des journées harassantes, faire l'amour avec un homme si peu habitué à témoigner de la tendresse devait présenter peu d'agrément. En tout cas, la plupart des jeunes femmes qui voulaient bien parler avec moi de leur sexualité regrettaient, pour le moins, de ne jamais pouvoir choisir le moment des rapports [13], et de ne connaître comme seuls moyens anticonceptionnels que le coït interrompu ou l'abstinence. Elles parlaient avec résignation de leur soumission aux désirs d'un époux qu'elles n'avaient pas choisi. Seules les plus jeunes avaient bénéficié d'une petite marge de liberté de choix et elles étaient déçues que l'élu de leur cœur ne soit pas aussi romantique qu'elles-mêmes. En réalité, les hommes, y compris les jeunes, pensaient qu'une femme qui recherche le plaisir est une putain. Ils connaissaient les gestes susceptibles de donner du plaisir à une femme, car ils les avaient pratiqués auprès des prostituées lors de leur service militaire ou des années passées dans la marine marchande. Mais ils les refusaient à leur épouse au nom de l'absence de désir sexuel censé caractériser une femme comme il faut [14]. Les plus âgées, elles, avaient pris le mari que leur père leur avait imposé et semblaient n'avoir aucun goût pour l'amour. Il m'est impossible de savoir si le discours sur la résignation correspondait à ce que les femmes ressentaient effectivement, à ce qu'elles s'imaginaient ressentir pour avoir d'elles-mêmes une opinion favorable ou à ce qu'elles étaient tenues de dire pour donner d'elles-mêmes une bonne image. Car, dans les couples mariés depuis longtemps, il s'instaurait des formes perceptibles de connivence et d'affection, dues sans doute à la traversée commune des épreuves d'une vie extrêmement dure, et qui laissaient supposer, de la part des femmes, une meilleure acceptation de l'autre et de son corps. Cela dit, à partir de la ménopause, les femmes étaient considérées comme « sèches », et dès lors, leur mari ne les touchait plus. En échange, elles commençaient à avoir le droit de donner leur avis sur tous les sujets, familiaux ou communautaires, de répliquer aux hommes et même d'adresser la parole à des inconnus.

À Arnaia, nul ne songerait à nier que les femmes puissent prendre du plaisir à faire l'amour et l'on utilise pour le dire des métaphores très poétiques. Bien des femmes ont été mariées, elles aussi, sans avoir pu choisir, mais les hommes disent combien ils ont été patients avec leur jeune épouse, pour leur apprendre à n'avoir pas peur des rapports sexuels. Et les femmes confirment leurs dires en riant et en se moquant d'elles-mêmes pour avoir été si « cruches » jusqu'à leur nuit de noces. À Arnaia, si abstinence il y a, c'est à cause de l'absence des hommes. Mais quand ils sont là, même les menstrues [15] n'arrêtent pas les couples. La ménopause non plus, et des femmes très âgées me disent qu'elles font encore l'amour quand leur mari n'est pas trop fatigué. Les Arniotes considèrent donc le corps, et notamment celui des femmes, comme un lieu de plaisir et non comme un simple récipient à sperme, maltraitable à loisir. À Pouri les femmes exhibaient le dimanche, à la messe, les bleus de leurs jambes ou de leurs bras, sans aucune honte car la violence du mari était la preuve de sa virilité. La chose était si normale que, à ma connaissance, une seule plainte avait été déposée à la gendarmerie, en 1978, et elle avait fait sensation. À Arnaia, battre sa femme n'est pas considéré comme normal. Cela arrive, sans doute, mais il est difficile d'en évaluer la fréquence, car la violence domestique reste cachée aux yeux des voisins. On en a honte. Cela ne signifie pas que le village soit exempt de violences. Mais elles se manifestent plutôt à l'occasion des dissensions politiques entre hommes, ou alors, elles prennent des formes plus symboliques, moins repérables. C'est ainsi que les femmes stériles, autrefois, étaient constamment et même publiquement traitées d'« inutiles » par leur belle-famille, ce qui, pour être seulement verbal, n'en était pas moins brutal. Puis, lorsque est venu le temps de la limitation des naissances, après 1950, le seul moyen utilisé a été l'avortement, tant était — et est toujours — contraignante la nécessité pour les femmes de prouver leur fécondité et pour les hommes leur puissance génésique. Il s'agit là d'une violence sur le corps reproducteur des femmes, non reconnue comme telle par les Arniotes, mais qui n'est pas anodine pour autant.

À Pouri, on ne divorce pas, bien que l'Église orthodoxe admette la possibilité de trois mariages successifs. Les femmes doivent accepter leur destin — terme par lequel d'ailleurs les jeunes filles désignent leur futur mari. Très rares sont celles qui pratiquent l'adultère, dont les conséquences sont souvent pires que la condition de femme fidèle, même si nombreuses sont celles qui paient cher les soupçons non fondés de maris qui ont été élevés dans la suspicion systématique à l'égard de la gent féminine[16]. Il n'y a donc pas d'échappatoire et les femmes disent toutes être tombées en esclavage en se mariant. À Arnaia, il est loisible de divorcer, sans doute parce que les filles ne sont pas dotées et que leur départ n'entraîne pas la ruine de l'époux. Il ne reste donc aux femmes de Pouri que « la patience et la résignation » (comme elles le disent si souvent), l'exercice de la violence sur les égales (les autres femmes) ou les inférieurs (les enfants), le suicide (fréquent, mais pas plus que chez les hommes) et, en dernière instance, l'assassinat du mari.

Les femmes se battent souvent entre elles pour des raisons que les hommes estiment futiles, et si l'une d'elles est traînée au tribunal, le juge obtiendra toujours une conciliation, ce qui n'est que très rarement le cas lors de coups et blessures échangés entre hommes. Nous avons vu avec quelle violence les femmes traitaient leurs enfants pour leur bien. Les suicides féminins sont le fait de jeunes filles enceintes avant le mariage ou aux amours contrariées. Elles ne se ratent pas, contrairement à certaines jeunes femmes déçues par la vie conjugale et qui vont de tentative en tentative. Les assassinats d'époux, enfin, s'élèvent au nombre de trois pour la période de l'entre-deux-guerres. Après la guerre civile où bien des comptes personnels ont été réglés, il n'y a plus eu de meurtre à Pouri, même entre frères. Assez étrangement, les Pouriani parlent des meurtrières comme d'héroïnes, alors que celle qui n'a pas soigné son mari malade, lequel « en est mort », est fort mal jugée pour sa négligence volontaire : faillir à son devoir d'épouse ne rapporte pas la gloire. S'attribuer un rôle d'homme en utilisant une arme fait d'une femme un personnage exceptionnel sur l'image de qui peuvent se porter tous les fantasmes des résignés des deux sexes. Je dis des deux sexes, car la violence exercée à l'encontre des femmes, même s'ils en tirent d'importants privilèges, ne fait pas le bonheur des hommes.

Violences physiques ou violences symboliques

Si les Pouriani valorisent la violence physique comme pivot de l'éducation, moyen de se faire justice et preuve de virilité, les Arniotes, eux, s'en défient, même s'ils ne l'excluent pas. Ils pratiquent en revanche toutes sortes de violences qui, pour relever de l'ordre symbolique, n'en sont pas moins physiquement ou psychologiquement éprouvantes. La plus répandue, autrefois, était la magie noire ; chacun savait confectionner de petits paquets de tissus, comprenant des rognures d'ongle ou des cheveux, et un papier sur lequel étaient inscrites des formules tirées de grimoires médiévaux, pour faire tomber malade, rendre impuissant, ruiner une famille, etc. Mais, bien sûr, les antidotes existaient aussi, dont une grande partie était entre les mains des popes. La magie noire est moins répandue aujourd'hui, tout comme le sont moins les malédictions qui privaient ceux qui en faisaient l'objet du repos éternel. Ces violences symboliques allaient de pair avec de vivaces croyances dans les interactions entre monde surnaturel et vie ici-bas. Parmi elles, l'idée que le prénom, transmis à un petit-enfant, permet la résurrection de son aïeul. Le meilleur moyen de faire du mal à ses beaux-parents est de refuser de donner leur nom à un nouveau-né. La place me manque pour décrire l'ensemble des tracasseries de ce genre qui peuvent empoisonner la vie des Arniotes (dont, pour la plupart, les Pouriani ne sont pas exempts non plus), et dont je veux seulement souligner que, malgré tout, elles s'insèrent dans une société où le mot d'ordre que les femmes aiment à répéter est « respect et amour », et non, comme à Pouri, « patience et résignation ». L'amour, pourtant, peut s'avérer oppressif et je connais bien des mères arniotes qui, pour trop aimer leurs enfants, garçons ou filles, leur gâchent la vie en pratiquant le chantage affectif. Cet amour excessif me semble être l'un des moyens pour les femmes de faire passer une violence intérieure, difficile à exprimer autrement qu'en exagérant les vertus dont la société leur enjoint durement de faire preuve.

Violences masculines, violences féminines et valeurs sociales

La comparaison entre deux villages d'un pays où règne une vive domination masculine ne saurait permettre de tirer des conclusions définitives sur les liens entre violence sur les femmes et violences des femmes. Tout au plus pourra-t-on faire l'hypothèse que là où la violence physique est érigée en valeur et les violences, tant corporelles qu'institutionnelles (statut social très bas, droits au savoir et à la décision réduits à peu de chose, charge de travail extrêmement lourde), sur les femmes sont très vives, les femmes usent également de la violence physique. Elles l'exercent à l'encontre des autres victimes de l'ordre social et visent essentiellement à perpétuer cet ordre, tant elles en ont incorporé les valeurs. Ce n'est que très exceptionnellement — mais alors de manière spectaculaire, par le meurtre — qu'elles se révoltent contre les privilégiés. Là au contraire où la domination masculine est moins exacerbée, les femmes, si elles ont peu de privilèges, ne sont cependant pas l'objet d'un profond mépris et se montrent moins brutales. Les violences auxquelles elles ont recours s'inscrivent aussi dans le cadre de leur soumission à l'ordre masculin, mais la possession de larges marges d'autonomie et de pouvoir en adoucit les formes : elles sont plus souvent symboliques ou psychologiques. Ces marges de liberté autorisent d'ailleurs une conscience de genre que les femmes de Pouri ne connaissent pas du tout et qui s'accentue avec la modernité pour devenir parfois même féministe. En effet, à Arnaia aujourd'hui, les familles sont devenues nucléaires et les femmes se retrouvent face à face avec un mari désormais salarié et présent toute l'année au village. Nombreuses sont celles qui ont souhaité de toutes leurs forces cette nouvelle structure familiale qui fait le prestige de leurs ménages, reconnaissant que les grandes maisonnées d'autrefois étaient, après tout, des lieux de fortes tensions. Mais nombreuses également celles qui regrettent le temps où la solidarité des femmes dans ces maisonnées et aussi l'absence des hommes servaient de garant à leur intégrité physique. Les plaintes pour violence conjugale augmentent à Arnaia. Les hommes sont-ils devenus plus violents depuis qu'ils ont repris leur place de chefs de ménage, ou bien les femmes recourent-elles plus souvent qu'autrefois aux secours de la gendarmerie ? Pour répondre à cette question, il conviendrait de consulter les archives de cette institution, ce qui est impossible. Certaines femmes disent que les hommes étaient plus violents autrefois, mais cela reste à prouver. Les Arniotes, influencés par le discours des droits de l'homme que diffusent les médias, cherchent à donner d'eux-mêmes une image moderne de civilité acquise sur « la pauvreté et l'ignorance » d'autrefois, et ils minimisent les « incidents » conjugaux, dont pourtant la rumeur se fait l'écho. La disparition du tissage et le chômage féminin qui l'accompagne entraînent une dépendance accrue des femmes à l'égard des hommes ; le passage à des familles nucléaires isole les épouses face à leur mari ; l'exacerbation des passions liée au libre choix du conjoint accroît les violences psychologiques, masculines et féminines, mais ne protège pas d'une violence physique qui, pour n'être pas plus valorisée qu'autrefois, n'en apparaît pas moins comme le seul recours des hommes face à des femmes qui n'ont même plus de raison objective (leur travail valorisé et leur savoir non partagé sur la vie de la communauté) de leur tenir tête. Cela montre bien que, dans une situation globale de domination, les avantages dont les femmes sont susceptibles de jouir conjoncturellement peuvent leur être retirés. Ces avantages, dont je ne saurais dater l'ancienneté [17], expliquent peut-être pourquoi la violence physique est en principe proscrite à

Arnaia. Dans les sociétés machistes, les valeurs guerrières, l'honneur des familles lié à la capacité des hommes de se battre et de maintenir les femmes dans la dépendance et la modestie, fût-ce au prix de leur intégrité physique, servent de modèle à tous et les femmes n'y échappent pas : dans leur sphère et sans le remettre en cause tant il est valorisé, elles imitent le modèle masculin. À Arnaia où les hommes étaient fort peu présents et obligés, pour maintenir leur honneur, de faire confiance aux femmes restées au village, ces valeurs viriles s'effaçaient partiellement dans le plaisir des retrouvailles, laissant la place à l'expression de formes plus subtiles de violence. Une violence pourtant toujours présente, induite par les injustices, les inégalités, les jalousies, l'angoisse du lendemain et aussi, quoique de manière moins nette qu'à Pouri, par le postulat de la supériorité masculine.

NOTES

1. Ce texte a fait l'objet d'une communication au séminaire de F. Héritier-Augé au Collège de France le 31 janvier 1996.

2. Voir respectivement S. Rogers, « Les femmes et le pouvoir », *in* H. Lamarche, S. Rogers et C. Karnoouh, *Paysans, femmes et citoyens.* Le Paradou, Actes Sud, 1980. É. Claverie et P. Lamaison, *L'Impossible Mariage : violence et parenté en Gévaudan aux XVIIe, XVIIIe et XIXe siècles*, Paris, Hachette, 1982.

3. À la fin des années 70, la richesse s'étant répandue au village, les jeunes femmes qui se mariaient n'étaient plus obligées d'aller travailler aux champs. Elles étaient de ce fait moins rapidement exténuées que leurs aînées, mais elles devenaient facilement neurasthéniques, le village n'offrant aucune des distractions de la ville et leur mari ne les laissant pas descendre faire des courses à Volos, la grande ville de la région, distante de plus d'une heure et demie en autocar.

4. Le sex-ratio, à Pouri, est de cinquante-deux pour cent en faveur des garçons, ce qui ne correspond pas à une démographie naturelle.

5. Rappelons qu'à l'époque où j'étais sur le terrain, les femmes étaient encore juridiquement des mineures pour toute leur vie. Ce n'est qu'en 1983 que le code de la famille leur a conféré l'égalité avec les hommes.

6. Un fils chassé à coups de pierre était, par la même occasion, déshérité.

126

Le père avait tout le loisir de tester à sa guise, ce qui, à son décès, entraînait tantôt des luttes meurtrières entre héritiers, tantôt des procès sans fin.

7. J'ai vu nombre de filles pleurer de rage parce qu'on les avait retirées de l'école.

8. Le métropolite nommé à Arnaia à la fin de la Première Guerre mondiale, et qui y est resté jusqu'à la fin de la Seconde, avait d'ailleurs créé une école pour alphabétiser les femmes qui n'avaient pu apprendre à lire à l'époque où l'école n'était pas encore obligatoire. Ce n'est qu'après la guerre civile, en 1950, que les deux sexes seront régulièrement scolarisés en Grèce rurale.

9. Cela ne fait que déplacer les conflits entre beaux-frères, les maris de sœurs n'ayant aucune raison sentimentale de renoncer à une partie de l'héritage de leurs épouses. Les femmes, elles, sont prises entre deux feux et en souffrent.

10. Lors du rattachement de la Macédoine à la Grèce (1912), les lois de l'État ont commencé à s'appliquer et, vers 1920, les premières dots apparaissent, plus symboliques que réelles. Après la guerre civile, elles se font plus consistantes, mais jamais au point que les frères doivent y contribuer.

11. Une femme qui se serait montrée amoureuse de son mari aurait été considérée comme vicieuse et ce n'est que vers la fin des années 70, les jeunes femmes ayant abandonné le travail des champs, qu'elles se sont mises à imiter les mœurs bourgeoises et à couvrir leurs enfants de caresses ostentatoires.

12. Est-ce la raison pour laquelle certains jeunes cherchaient à prouver leur virilité en se tailladant les bras à la lame de rasoir ?

13. Beaucoup se plaignaient que le moment choisi par le mari était celui où il rentrait à moitié ivre du café, alors qu'elles dormaient déjà. Mais une Pouriani ne devait jamais s'endormir avant le retour de son mari qui pouvait exiger, quelle que soit l'heure, qu'elle lui serve à dîner, puis fasse l'amour avec lui, même si, le lendemain, elle devait se lever à cinq heures du matin.

14. Sur la représentation des femmes comme êtres non sexuels en Grèce, on consultera K. Yannacopoulos, *Jeux du désir, jeux du pouvoir. Corps, émotions et identité sexuelle des hommes au Pirée et à Athènes*, Paris, EHESS, 1995, thèse de doctorat. E. Plexoussaki et K. Yannacopoulos, « Le mal purifié. Manipulation du sida en Grèce », *L'Homme*, 139, juillet-septembre 1996, pp. 125-135.

15. D'autant moins que bien des Arniotes, dans une vision tout hippocratique du corps que n'ont pas entamée les cours de biologie dispensés au lycée, pensent qu'elles favorisent la conception.

16. Tous ont en mémoire ce mari jaloux qui a assis sa femme sur le poêle brûlant parce qu'il la soupçonnait à tort d'avoir un amant. Les hommes, eux, ont droit aux aventures extra-conjugales qui confirment leur virilité.

17. Les voyageurs des XVIIIe et XIXe siècles font état de la renommée dans toute la Grèce du Nord des tissages de Liaringovi (nom qu'a porté Arnaia

jusqu'en 1922, date à laquelle ont été hellénisés tous les toponymes slaves ou turcs des régions récemment rattachées à l'État grec comme la Macédoine ou la Thrace), montrant l'ancienneté de cette activité féminine qui valait aux femmes l'admiration des hommes. Cette indication n'est cependant pas suffisante pour affirmer que depuis toujours les hommes allaient chercher du travail ailleurs, laissant à ces femmes admirées le champ libre au village.

BIBLIOGRAPHIE

Handman, Marie-Élisabeth, *La Violence et la Ruse. Hommes et femmes dans un village grec*, Aix-en-Provence, Édisud, 1983.

Handman, Marie-Élisabeth, « Tissage et rapports sociaux à Arnaia, Chalcidique (1920-1990) », *Techniques et cultures*, 15, 1990, pp. 1-27.

Handman, Marie-Élisabeth, « Structure de la famille, dévolution des biens et statut paradoxal des femmes en Grèce », Actes du colloque de Lisbonne, 10-12 avril 1991. *Famille et contextes sociaux. Les espaces et les temps de la diversité*, Lisbonne, Centro de Investigação e Estudos de Sociologia, ISCTE, 1991, pp. 151-161.

Handman, Marie-Élisabeth, « Les amitiés féminines à Arnaia, Macédoine grecque », *in* S. Damianakos, M.-É. Handman, J. Pitt-Rivers et G. Ravis-Girodani, *Les Amis et les Autres. Mélanges en l'honneur de John Peristiany*, Paris-Athènes, EKKE (avec le concours de la MSH), 1995, pp. 75-95.

Handman, Marie-Élisabeth, « Violence et différence des sexes », *Lignes*, 25, 1995, pp. 205-217.

Mathieu, N.-C., *L'Anatomie politique. Catégorisations et idéologies du sexe*, Paris, Côté-Femmes, 1991.

TROISIÈME PARTIE

CRUAUTÉ, VIOLS ET GUERRES AU XXe SIÈCLE

YANNICK RIPA

Armes d'hommes contre femmes désarmées : de la dimension sexuée de la violence dans la guerre civile espagnole

La guerre civile convoque l'ensemble du corps social à prendre parti sur des projets antinomiques ; elle s'écarte donc par nature des guerres entre États, elle bouleverse les données des conflits qui mettent face à face des soldats, militaires de carrière ou appelés du contingent, des hommes en tout cas. Les morts civiles furent longtemps des éclaboussures du champ de guerre, un en-marge déploré, avant d'être intégré dans la marche guerrière, conséquence tragique des « progrès » techniques. En happant toute la population, car elle n'apprécie pas la neutralité, la guerre civile pose d'emblée le problème de l'engagement de tous, et donc des deux sexes, dans le conflit et s'interroge sur la forme qu'il peut prendre. Elle décline des possibles qui, du soutien moral, logistique à la lutte armée, rapprochent ou éloignent les sexes. Par cette hiérarchie des devoirs, chaque camp se prononce sur les rapports que doivent entretenir hommes et femmes avec le combat, les armes et donc la violence.

De violence, il est aussi question dans le processus de barbarisation de l'ennemi qui est à l'œuvre dans tout conflit. La guerre civile le rend plus délicat : dans des hostilités entre nations, il est aisé de charger l'autre de toutes les noirceurs ; chacun peut tenir des propos semblables sur l'honneur, la grandeur et les valeurs qu'il incarne et défend. Parce que fratricide, la guerre civile doit peaufiner ses discours ; la barbarisation de l'autre, hier identique, ne va pas de soi, les protagonistes s'attachent à prouver que l'adversaire est en rupture avec l'identité nationale et ses grands principes fondateurs et fonda-mentaux. Le non-respect des femmes, souvent rapproché des attaques contre les enfants, participe d'une déshumanisation de l'ennemi. Ainsi se trouve mise en exergue la violence des uns contre les femmes des autres, les propagandes des ennemis-frères se ressemblent étrangement et déforment la réalité, diffi-cile à débusquer.

C'est à partir de cette insertion de la violence des femmes et de la violence sur les femmes dans la guerre que sera interrogée la guerre civile espagnole, aux données complexes[1].

Le soulèvement militaire des 17-18 juillet 1936 ne prétend pas renverser la République, instaurée en avril 1931, mais chas-ser le Front populaire honni, au pouvoir depuis février 1936.

Cette haine fédère les opposants, venus des diverses droites : catholique, conservatrice, monarchiste alphonsine et carliste, phalangiste... La résistance populaire qui empêche le pronuncia-miento espéré, dans la tradition politique de l'Espagne, radi-calise les positions. Le face-à-face se transforme en un affrontement démocrates-fascistes dont la presse internationale se fait l'écho. Le vocabulaire des combattants pour nommer l'ennemi rend compte de la perception de chacun : dans la bou-che des insurgés, les loyalistes sont indistinctement appelés « rouges », « républicains », « marxistes », « communistes ». Même manque de discernement à gauche : les rebelles sont amalgamés sous le terme « fascistes », « phalangistes », rare-ment est repris le mot « nationaux » par lequel les troupes insur-gées se désignent ; le mot « franquiste » appartient au vocabulaire de la fin du conflit.

Ce manque de nuance lexicale oublie, volontairement, le jeu des alliances, il rend plus ardue la lecture des sources, ne per-mettant pas, bien souvent, une parfaite identification des acteurs des événements relatés. Or les alliances opportunistes rassem-blent des courants qui œuvrent pour des systèmes politiques et des sociétés différentes. La défense de l'hispanisme, d'un pou-voir fort, d'une tradition chrétienne et de la morale qui en découle parvient à cimenter les nationaux ; Franco saura tirer parti de ces adhésions communes pour élaborer sa doctrine, fondement de sa dictature. Les luttes intestines qui affaiblissent la gauche sont l'expression de projets socio-politiques divergents : les uns — anarchistes de la CNT, militants d'extrême gauche et trotskistes du POUM — veulent que la victoire sur les insurgés soit aussi celle de la révolution prolétarienne ; ils défendent un pouvoir populaire et prônent la collectivisation immédiate ; les autres — gauche bourgeoise, socialistes modérés et communistes du PCE — préconisent une consolidation de l'État républicain, condition première, à leurs yeux, de la victoire.

Aussi, avant et pendant la guerre, ne naissent pas deux discours mais des discours sur le rôle des femmes ; entrecroisant des données politiques, sociales, religieuses, ils construisent le genre pour les sociétés à venir.

Les bombardements instaurent une dramatique égalité des sexes ; la guerre civile espagnole connaît cette indifférenciation, préfigurant sur ce point aussi la Seconde Guerre mondiale, mais elle pratique également une violence sexuée, pensée et voulue telle ; elle réserve aux femmes deux traitements spécifiques : le viol, attesté dans les deux camps, et la tonte, pratiquée par les nationalistes uniquement. Dans un cas comme dans l'autre est atteinte la féminité : par le viol dans son intimité, par la tonte dans son apparence.

Viols ordinaires et viols stratégiques

Face aux viols, les réactions des autorités des deux camps divergent.

Les dirigeants républicains, en pleine urgence du conflit, ont le souci de soigner leur image et désapprouvent haut et fort ces délits. Ils les dénoncent comme des violences périphériques, facilitées par l'état de guerre, mais refusent de voir en elles des faits de guerre. Viols ordinaires, ils affirment qu'ils résultent de dérapages individuels, volontiers attribués à des prisonniers de droit pénal, récemment libérés.

Les rebelles, à l'inverse, instrumentalisent le viol. Il est agité comme une menace que l'avancée républicaine fait peser sur les femmes nationalistes. Son évocation débute avec les opérations, elle ne cesse de s'amplifier et de s'enfoncer dans un réalisme cru ; elle permet de stigmatiser la « terreur rouge », censée se singulariser par les pires atrocités[2].

Le viol des femmes est ainsi avancé comme la preuve de l'inhumanité des républicains. Pour justifier son soutien aux rebelles, l'épiscopat s'y réfère avec le flou qu'exige la civilité en vigueur : « La révolution fut inhumaine, la pudeur de la femme, même celle consacrée à Dieu, n'a pas été respectée[3]. » Le générique que les religieux emploient gomme les individualités, ramène les femmes en souffrance à une entité, la Femme, plus idéale que réelle. On perçoit qu'est en jeu une valeur morale : la dignité humaine. Manquer de respect à une femme est une offense à l'honneur de l'humanité, manquer de respect à une religieuse équivaut à bafouer Dieu. Le lieu du viol semble donc moins le corps et l'intégrité de la victime qu'un lieu symbolique : l'honneur des hommes nationalistes confondu avec celui de l'Espagne et celui de Dieu. Le viol perpétré par les républicains est volontairement rapproché des violations d'églises et de tombeaux, avec d'autant plus d'aisance que la langue espagnole ne possède qu'un mot pour désigner ces méfaits (*violación*). Les « marxistes » glissent dans l'hérésie ; viols et violations, par cette appréhension et cette présentation, confortent la définition de l'avancée rebelle comme une *Reconquista*, version guerrière de l'Inquisition.

Les ficelles de cette propagande sont grossières[4]. Face à cette construction, la mesure des viols est impossible. Toutefois, la lecture des contradictions arrache des aveux. La version du viol systématique par les troupes de gauche ne résiste pas au dépouillement des chefs d'accusation dressés par les tribunaux rebelles ; de plus, aucune allusion relative au problème que n'auraient pu manquer de poser des naissances consécutives à des viols de grande ampleur n'a pu être relevée jusqu'ici.

Ces indices portent à croire que si des viols par des républicains eurent certes lieu, ils n'étaient ni programmés ni politiquement pensés.

Contrairement aux républicains pour lesquels les viols ne paraissent pas avoir de signification politique, les nationalistes utilisent la violence sexuelle contre les femmes à des fins politiques. Subtils dans l'ignominie, ils catégorisent, sans le dire, le viol. À travers les récits de guerre, les témoignages, certes rares, des victimes, se repèrent trois types de viols. Je nommerai « viols par personne interposée » ceux accomplis par les Maures. Incorporées dès le début du soulèvement en Afrique, les troupes marocaines se voient promettre, par leurs supérieurs soucieux de les stimuler au combat, des femmes en butin. Ces crimes ne ternissent pas la moralité des nationalistes et renforcent de surcroît le climat de terreur voulu. Il me semble que je peux qualifier de « viols biologiques » ceux qui jouent la carte de la victoire posthume ; ils n'interviennent que lorsque la place semble irrémédiablement perdue. L'honneur de la cause en danger bouleverse la donne morale antérieure ; ils s'appuient sur une lecture du conflit en termes de races dont le sens est à l'évidence déformé : les fascistes espagnols font face aux marxistes russifiés ; sur les murs, se souviennent des femmes interrogées, ils inscrivent : « Nous mourrons peut-être mais vos femmes donneront naissance à des enfants fascistes. » Enfin j'ose nommer « viols-plaisir » les agressions sexuelles niées comme telles par les rebelles et saluées comme la révélation du plaisir aux républicaines malgré leur résistance.

Les rebelles fustigent le viol commis par l'ennemi et glorifient la même violence exécutée par les leurs. Cette contradiction est permise par le déplacement de l'accent ; il porte dans la première situation sur les femmes victimes, dans la seconde sur les hommes. Lors des viols commis par les républicains, les nationalistes dénoncent la violence subie par la Femme bafouée dans sa chair, dans sa pudeur et dans l'honneur dont elle est dépositaire ; la défense, à grands cris outrés, stigmatise le barbare-violeur, car rouge. Lorsque les insurgés deviennent les violeurs, de la féminité martyrisée il n'est plus question dans leurs propos. Les républicaines disparaissent aisément parce que, aux yeux des rebelles, les rouges se perdent dans une bestialité qui fait d'elles des femelles et non des victimes ; mais surtout parce que, par le viol, le camp nationaliste se trouve virilisé : le fantasme d'une puissante sexualité africaine rejaillit sur l'ensemble des soldats, la fécondation des ennemies aboutit à la conception de petits fascistes, preuve de la supériorité biologique du sperme nationaliste sur la substance féminine républicaine ; enfin, le viol fait découvrir la virilité à des femmes rendues frigides par des amants « castrés », injure leitmotiv du général Queipo de Llano. Tôt rallié au coup d'État, il s'empare de Séville, de là il émet sur les ondes radiophoniques. Ces fameuses « charlas » (conversations) sont un constant appel à la violence, un injurieux dénigrement trivial, pornographique de l'adversaire ; dans son émission du 23 juillet 1936, il affirme : « Nos valeureux légionnaires et réguliers ont montré aux rouges ce que c'est qu'être un homme. Et par la même occasion aux femmes des rouges ; elles ont enfin connu de vrais hommes et non des miliciens castrés. Donner des coups de pieds et braire ne les sauvera pas. »

Les viols débordent donc la violence brute pour dessiner une image sexuée du conflit. La violence contre les femmes se projette au-delà de leurs victimes. Viol et tonte ont ce point en commun.

Seule m'intéresse ici la symbolique de la tonte [5]. Elle est une destruction du paraître femme, elle se veut humiliation et déchéance publiques. Elle ne se satisfait pas de la jouissance qu'elle procure aux agresseurs, elle a un sens. La tonsure est à la fois un châtiment rétroactif infligé aux mères, jugées coupables d'avoir engendré et élevé la pourriture marxiste, d'avoir failli à leur devoir de mère catholique ; la tonte proclame la honte du comportement passé et l'acceptation — forcée — du retour à la morale que soutiennent les nationalistes. La tonte marque du sceau de la trahison les têtes des femmes engagées : elles ont trahi leur rôle naturel et traditionnel d'épouse et de mère chrétiennes par leur soutien à la république, par sa défense et par leur refus de se cantonner aux fonctions que leur assigne leur sexe ; parce qu'elles ne respectent pas la définition de la femme inscrite avec force dans la culture hispanique, elles ne sont plus respectables. Ainsi, la tonte purificatrice est-elle un instrument adapté à la *Reconquista* qui reprend les territoires mais aussi le contrôle des esprits. Celui-ci passe par l'expiation et la rééducation ultérieure des femmes. La tonsure, à la différence du viol, n'agit donc pas qu'ici et maintenant ; elle doit préparer demain en purifiant les esprits féminins, en leur ôtant toute velléité, en les rendant malléables. La tonte et le viol dans le camp nationaliste sont politiques [6].

La violence des femmes en armes

Tonte et incarcération punissent des républicaines coupables mais récupérables. Les juges évoquent fréquemment l'influence des conjoints pour expliquer l'activité des femmes ; en conséquence, ils prononcent souvent, mais pas systématiquement, des peines plus légères que celles qui touchent les hommes. Cette fréquente indulgence résulte d'un dimorphisme du regard qui nie la conscience politique des républicaines. Leur autonomie dans la lutte n'est clairement reconnue que lorsqu'elles sont arrêtées les armes à la main. Alors la clémence ne paraît plus concevable : les femmes en armes sont condamnées à mort. Ne faut-il pas voir dans ce châtiment suprême la preuve que les condamnées sont jugées irrécupérables, ces femmes ayant franchi l'intransgressable ? Il me semble que sont ainsi incriminés le dépassement d'un seuil et le brouillage des rôles. La guerre est un domaine masculin, le port des armes un apanage de l'homme, la violence qu'il induit une qualité virile.

Cette lecture de la violence s'applique à toute femme ; les phalangistes, apôtres de la violence, firent longtemps de la douceur des femmes dite constitutive un argument rédhibitoire pour refuser la création d'une section féminine, incapable d'intégrer la violence dans sa dynamique. La guerre confirme cette dénégation d'une violence féminine naturelle. Dès lors, admettre des femmes dans l'armée rebelle est impensable et inconciliable avec les figures rigides du masculin et du féminin qui traversent la pensée phalangiste puis franquiste. Le travail de sape des modèles traditionnels entrepris par les réformes de la république est dénoncé comme la forme extrême du dévoiement du régime en place : les femmes en armes symbolisent la transgression ultime des frontières de sexes. Les nationalistes ne construisent pas une nouvelle identité féminine ; ils réactivent, en la fortifiant, celle imposée par l'Espagne catholique. Avant même l'instauration de la société nationaliste, ils mobilisent les qualités féminines naturelles ; qu'il soit matériel ou moral, le soutien féminin à leur cause doit reposer sur la douceur, le renoncement et l'abnégation féminines, expressions du déterminisme biologique. L'héroïsme des femmes les place dans l'ombre des hommes et annonce leur exclusion du politique et leur retour au foyer. Les imprécations nationalistes prennent leur élan sur des siècles d'intériorisation de la soumission féminine. Il y a fort à parier que la jeune république n'a pu balayer de l'inconscient collectif les effets d'une survalorisation séculaire de l'épouse et de la mère, images positives qui recouvrent entièrement l'identité féminine.

Par inférence, les rebelles déclarent la violence des républicaines contraire à la nature féminine. Elle confirme le basculement des rouges du côté de l'animalité : hyènes, fauves assoiffés de sang, les républicaines sont réputées plus cruelles, plus perverses, plus sadiques que leurs compagnons de combat. La responsabilité des atrocités incombe très souvent à des épaules féminines ; les femmes sont actrices de l'horreur, elles en tirent, affirment les écrits nationalistes, une délectation qui n'est pas étrangère au raffinement des supplices qu'elles inventent. Leur violence n'est pas politique, elle est érotique, traduction d'une sexualité débridée, stimulée par le marxisme.

La rhétorique psychiatrique est appelée à la rescousse. À la suite de la chute de Malaga en février 1937, après une longue résistance, un camp de prisonnières est transformé en un champ d'observations cliniques. Les investigations médicales portent sur une cinquantaine de « marxistes » dont trente étaient condamnées à mort. Par le recours à l'inusable concept de la dégénérescence, rebaptisé « système dépravé », les psychiatres transforment le corps des femmes en vecteur de ladite maladie et leurs désordres mentaux et moraux en accélérateurs du processus qui conduit de la déchéance de la famille à celle de la civilisation[7]. Le féminin a envahi le camp républicain, le masculin trouvé refuge dans celui des rebelles ; aussi les psychiatres passent-ils d'un diagnostic médical à un pronostic militaire : les républicains sont féminisés, « hystérisés », ils perdront ; les nationalistes sont masculinisés, « paranoïsés », ils gagneront.

Champions de la contradiction, les nationalistes, après avoir soutenu que la violence n'existait pas chez les femmes, considèrent que celle, anormale, des républicaines est annonciatrice des excès qu'un relâchement du contrôle de toutes les femmes laisse à craindre. Les psychiatres justifient scientifiquement la hiérarchie des sexes et la mise en place de structures pour la consolider, tel le service social ; institué dans la zone nationaliste le 7 octobre 1937, il impose à toutes les femmes, âgées de dix-sept à trente-cinq ans, des tâches administratives ou techniques, permettant ainsi de surveiller leur état d'esprit et leurs activités[8].

Du côté républicain, le soulèvement militaire met un terme aux hésitations gouvernementales à armer les travailleurs, comme le réclamaient la CNT et l'UGT, pressentant l'imminence d'un coup d'État, depuis l'assassinat du leader monarchiste José Calvo Sotelo le 13 juillet. Sans attendre aucun ordre, à l'annonce de l'insurrection militaire, hommes et femmes s'emparent des armes dans les dépôts pour combattre le fascisme. La rapidité des événements, l'absence d'une armée organisée ne laissent pas de temps pour réfléchir à l'irruption des femmes dans le domaine masculin de la guerre. Leur levée de boucliers, spontanée, inattendue, est applaudie par les forces républicaines : elle est la manifestation de l'unanimisme populaire ; la mixité des combats surlégitime la lutte des républicains, elle confronte le peuple espagnol, souverain, à une faction de militaires, traîtres à la nation. Pourtant, derrière cet éloge qui ébranle la division sexuée de la société et fait de la défense armée de la cité et du régime démocratiquement élu le devoir de tous et de toutes, se perçoivent des hésitations, des réticences qui rendent suspecte cette soudaine adhésion.

La glorification des femmes en armes les érige en emblèmes figés — drapeau en avant, sourire aux lèvres et armes aux côtés — plus qu'en combattantes qui pointent les fusils pour tuer. La représentation des républicaines est étonnamment lisse et fournit une version épurée de la guerre. Guerre enthousiaste et propre où la violence et le sang semblent soudain avoir disparu. Plus importante que l'action des femmes est leur présence, symbole d'unité. La violence resurgit, non dans la mort qu'elles provoquent, mais dans celle qu'elles reçoivent ou qu'elles se donnent pour échapper à l'ennemi. Deux conceptions de l'héroïsme se dessinent : l'héroïsme des républicaines est une nouvelle expression de la culture sacrificielle féminine. Elles sont un gibier tué ou qui se tue pour ne pas être capturé. L'héroïsme des républicains se mesure, lui, au nombre de proies inscrites au tableau de chasse guerrière des soldats[9].

Par ailleurs, la presse parle, de façon récurrente, de la « participation des femmes ». Cette formule est révélatrice de l'étonnement que procure, sous cette forme, l'engagement féminin ; elle en suggère l'exceptionnalité et le sous-entend conjoncturel. Aucun commentaire n'accompagne ces récits quant au possible passage du port extraordinaire des armes à un droit reconnu, ne se devine aucune autosatisfaction liée à une nouvelle conquête qui émanciperait les femmes, dans la lignée des mesures féministes prises par la République. Les discours n'ignorent pas la lutte armée des femmes, née du chaos ; mais ils réinsèrent dans la représentation des combats un clivage des sexes. On repère ainsi l'inertie des mentalités et, en conséquence, la résistance des républicains à accepter une égalité complète des hommes et des femmes. De fait, la reprise en main par les dirigeants, l'organisation d'une infrastructure militaire et logistique se soldent pour les femmes par un renvoi à leurs tâches traditionnelles. Le nouveau slogan de septembre 1936 « les hommes au combat, les femmes au travail », attribué à la Pasionaria Dolores Ibarruri — ce qui est loin d'être neutre —, ordonne aux femmes de déposer les armes au profit de l'aiguille et des casseroles ou, au mieux, d'une activité économique, définie comme temporaire en remplacement des hommes au front. Le retour à l'arrière est pour la condition féminine un retour en arrière qui fait jaillir bien des larmes de rage des yeux des combattantes [10]. *La retaguardia* (le retour à l'arrière) ne soulève aucun tollé masculin ; même les anarchistes — si prompts à contester toute consigne gouvernementale et qui plus est communiste — adoptent un silence complice, oublieux des promesses de bâtir une société sans discrimination sexuelle, respectueuse de l'égalité des sexes, l'un des axes de la doctrine anarcho-syndicaliste [11].

De nouveau auxiliaires, les femmes se cantonnent à une autre forme de résistance, plus discrète, voire souterraine, sans violence à l'évidence, ce qui, au demeurant, ne les protégera pas des combats de rue ni de la répression franquiste. La violence redevient une vertu de soldat ; elle grandit, par ricochet, les épouses et les mères des combattants qui doivent préférer être « des veuves de héros que des femmes de lâches [12] ». Les fonctions et les sentiments féminins se redéfinissent par rapport aux actes masculins. Dépossédées des armes, les femmes le sont aussi de leur identité balbutiante : même en temps de guerre, elles n'existent qu'en fonction de leur place dans la famille ; pareilles invectives font peu de cas de l'action des célibataires, majoritaires pourtant dans toutes les organisations antifascistes.

Parties de la défense de principes opposés, les stratégies des deux camps aboutissent ainsi, l'une et l'autre, à un renforcement de la distinction des sexes, à une réactualisation du partage sexué des rôles, à un troublant retour en arrière qui dit le commun refus de la violence des femmes, par la prise de conscience de ce qu'elle implique politiquement.

Les enjeux de mémoire

Après la victoire franquiste, la paix, qui n'en est pas une, a besoin d'imposer pour se fortifier une mémoire manichéenne des hostilités. La violence rouge est une composante essentielle de l'histoire officielle. En un vibrant crescendo qui structure les récits sont dénoncées la violence même contre les femmes et la violence même des femmes. Cette articulation est la cheville ouvrière du réquisitoire sans appel prononcé par les vainqueurs [13]. En 1973, il est encore possible à Eduardo Comin Colomer d'écrire que « [les républicaines] encourageaient les excès de toutes sortes et [...] assistaient avec une singulière délectation aux exécutions [...] », précisant qu'il s'agit de femmes animées par peu de sentiment idéologique et par beaucoup de dévergondage [14].

Des violences sexuelles contre les femmes nationalistes, il n'est plus guère question de façon étayée. Les épouses et les filles, victimes, retombent dans un anonymat protecteur du présent honneur des familles ; les religieuses semblent avoir échappé au viol en « choisissant » la mort, proposée comme échappatoire par les républicains eux-mêmes, afin qu'elles ne brisent pas leurs vœux [15]. Les atrocités des rouges sont largement désexualisées. La figure de la républicaine violente, elle, ne se ternit pas. Forte dans les travaux prétendus historiques, elle est centrale dans la littérature nationaliste [16]. La dichotomie régit le monde féminin : les femmes nationalistes sont des héroïnes positives : *mater dolorosa*, veuves, martyres, infirmières saintes ; les républicaines sont des héroïnes négatives, féroces, cruelles, sanguinaires. Le féminin oscille entre « la bête et l'ange [17] ».

Face à cette inflation de caricatures soutenues par le franquisme, la mémoire républicaine se réfugie dans l'oralité, si peu perceptible pour l'historien, et dans des écrits d'exil. Le déséquilibre mémoriel provoque une production hagiographique qui s'élabore au prix de l'oubli de la réalité. Ainsi, au panthéon du courage, si les femmes de *la retaguardia* trouvent une juste place, les femmes en armes se campent à leurs côtés au mépris du plus élémentaire respect de la chronologie. Les voilà, promues miliciennes, maniant le fusil durant toute la durée des hostilités !

Cette démesure perdure : la républicaine en armes devient un archétype commémoratif de l'après-franquisme. Pourtant, se déploie dans le même temps un discours minimaliste qui affirme négligeable le nombre des femmes armées et insigni-fiantes leurs actions violentes [18]. Ces propos ne suivent pas la ligne de partage politique, ils signifient la complexité des enjeux, hier comme aujourd'hui, et le recouvrement tactique du réel, de longue date.

Prétendre pouvoir atteindre la pleine réalité des violences sexuelles commises par les hommes et celle des violences des femmes relève d'un impossible pari. Toutefois, si le quantitatif se dérobe, le qualitatif, lui, surgit des sources qu'il faut contraindre à parler. Dans la violence extrême qui caractérise la guerre civile espagnole, les femmes ne sont pas sexuellement épargnées. Mais, dans le camp républicain, les viols sont ordi-naires, favorisés par le contexte ; dans le camp nationaliste, s'élaborent des violences spécifiques contre les femmes et la féminité qui s'inscrivent dans un projet global répressif.

À traquer les faits, on a le sentiment d'assister à une déréali-sation immédiate des actes ; dès lors, ils échappent en partie à l'étude. Il faut prendre conscience que cette déréalisation est porteuse de sens et produit, en retour, du réel ; ainsi la montée en épingle de la violence des femmes permet à chaque protago-niste, pourtant défenseur de valeurs opposées, de renforcer la construction sociale des sexes à laquelle il est attaché. La vio-lence des femmes est de ce fait, pour le chercheur, bien plus insaisissable que celle des hommes.

NOTES

1. Cette étude s'appuie sur une recherche en cours sur les femmes dans la guerre civile espagnole ; afin de ne pas alourdir l'appareil de notes, seuls seront signalés ici les sources et travaux les plus accessibles. Pour une vue plus large sur les archives, voir « Espagne 1900-1985 », *Matériaux pour l'histoire de notre temps*, Paris, n°s 3-4, juillet-décembre 1986. « Fuentes para el estudio de las mujeres en la guerra civil », *in Mujeres y la Guerra civil española*, III jornadas de estudios monograficos, Salamanque, octobre 1989. Ont été par ailleurs largement consultés les Mémoires des combat-tant(e)s, les récits de vie des témoins des événements, mais aussi les travaux

historiques, notamment les enquêtes orales, surtout ceux relatifs à la répression qui contiennent des renseignements non exploités dans l'optique de mon travail. Les sources masculines sont à l'évidence plus abondantes que celles émanant des femmes ; toutefois, nombreuses sont celles qui veulent aujourd'hui témoigner avant que leur mort ne rende muet leur combat. Elles parlent difficilement des violences sexuelles ; leurs mots expriment avant tout la souffrance endurée et le traumatisme subi. Voir F. Romeu Alfaro, *El Silencio roto, Mujeres contra el franquismo*, s.l., mars 1994.

2. Junta de Defensa Nacional de Burgos, *Rapport officiel préliminaire sur les assassinats, déprédations, violations, incendies dans quelques villages du midi de l'Espagne par les hordes marxistes au service du soi-disant gouvernement de Madrid*, juillet-août 1936, reproduit *in Seed of Conflict*, series 3 : *The Spanish Civil War, 1936-1939, The View from the Right Support for the Nationalist*, Nenedeln Kraus Reprint, 1975.

3. « *Carta colectiva de los obispos españoles* », 1er juillet 1937, tirés-à-part BN, BDIC ; texte intégral dans M. Rubio Abeza, *Diccionario de la Guerra civil*, Barcelone, 1973, Éd. Planeta, t. 1, pp. 168-178.

4. Exemple représentatif, colporté aussi à l'étranger : « La milice rouge émet des bons d'une valeur d'une peseta. Chaque bon donne droit à un viol. La veuve d'un haut fonctionnaire a été trouvée chez elle. Près de son lit on a retrouvé 64 de ces bons », *Berliner Nachtausgabe*, 4 novembre 1936, cité *in* Arthur Koestler, *Hiéroglyphes*, 4e partie : *L'Écriture invisible ; 1936-1940, in Œuvres autobiographiques*, Paris, Robert Laffont, 1994, p. 633.

5. Pour les autres aspects de la tonte (quantitatif, chronologique, étude du rituel et de la mise en spectacle), voir Y. Ripa, « La tonte purificatrice des républicaines pendant la guerre civile espagnole », *in Identités féminines et violences politiques, Les Cahiers de l'IHTP*, n° 31, octobre 1995, pp. 39-51.

6. Il convient de souligner que cette affirmation s'est imposée en cours de recherches, avec une force insoupçonnée au début de mes travaux. Voir Y. Ripa, « La violence nationaliste contre les femmes pendant la guerre civile espagnole : un enjeu politique », *in La Place des femmes, les enjeux de l'identité et de l'égalité au regard des sciences sociales*, Paris, La Découverte, 1995, pp. 482-485.

7. A. Vallajo Nagera, *La Locura y la guerra, psicopatología de la guerra española*, Valladolid, 1939. A. Nadal Sanchez, « Experiencias psíquicas sobre mujeres marxistas malagueñas, Málaga 1939 », *in Mujeres y la guerra civil española, op. cit.*, pp. 340-350.

8. Sur le service social et la section féminine de la phalange comme « appareils de domination intellectuelle », voir T. Gallego Mendez, *Mujer, Falange y franquismo*, Madrid, Taurus, 1983.

9. Les héroïnes auxquelles doivent s'identifier les femmes en guerre sont : Aida Lafuente, tuée à Oviedo durant la révolution des Asturies en octobre 1934, Lina Odena, des Jeunesses socialistes, qui se suicida pour ne pas tomber aux mains des franquistes, Juanica Rico, communiste assassinée par

les fascistes. Le héros masculin par excellence est El Campesino, surnom de Valentin Gonzalez Gonzalez. Il dut sa renommée de guérillero au vaillant combat qu'il mena à la tête d'une petite colonne du 5ᵉ Régiment ; sorti vivant de la guerre, il meurt en 1985.

10. M. Nelken, « Mujeres de España », *Frente Rojo*, 19 juillet 1936, p. 10.

11. Sur l'écart entre théorie et pratique à propos de l'égalité des sexes, voir Y. Ripa, « Le genre dans l'anarcho-syndicalisme espagnol (1910-1939) », *in Clio, Histoire, Femmes et Sociétés* (Toulouse), nᵒ 3, Métiers, corporations, syndicalismes, coordinatrice M. Zancarini-Fournel, 1996, pp. 196-203.

12. Intervention de Dolores Ibarruri lors d'un meeting pour la défense de Madrid, 14 octobre 1936. Un travail approfondi sur la position ambiguë de Dolores Ibarruri, saluée comme la mère de tous les combattants, à l'égard des revendications des femmes se révèle nécessaire.

13. Causa General, *La Dominación roja en España, avance de la información instruida por el Ministerio publico, Prologo de Excemo St. minstro*, 1943.

14. E. Comin Colomer, *El 5° Regimiento de las Milicias populares*, Éd. San Martin, 1973, cité *in* M.V. Montalban, *Pasionaria y los siete enanitos*, Éd. Planeta, 1995, p. 95.

15. A. Moreno Montero, *Historia de la persecución religiosa en España, 1936-1938*, Madrid, Biblioteca de autores cristianos, 1961.

16. M. Hanrez, *Les Écrivains et la guerre d'Espagne*, Paris, Panthéon Press, 1975.

M. Bertrand de Munoz, *La Guerra civil española en la novela*, Madrid, Éd. Porrua Turanzas, 1982.

17. A. Mechthild, « "La Bestia y el Angel", Imagen de las mujeres en la novela falangista de la guerra civil », *in Las Mujeres y la guerra civil, op. cit.*, pp. 371-379.

18. Voir notamment « 50 años de lucha, 1939-1989, homenaje a las mujeres de la Guerra civil español », *Poder y Libertad* (Madrid), nᵒ 11, 2ᵉ semestre 1989.

DANIÈLE VOLDMAN

Les bombardements aériens :
une mise à mort du « guerrier » ?
(1914-1945)

À partir de la Première Guerre mondiale, avec le développement de la théorie et de la pratique du bombardement aérien,
la guerre n'est plus, comme dans les conflits de l'âge classique,
cantonnée aux frontières des États belligérants. En partant de
ce fait nouveau dans l'histoire militaire qui concerne avant tout
la disparition de la coupure entre le civil et le militaire, on
voudrait proposer quelques hypothèses sur les conséquences de
l'extension de la violence dans la répartition des rôles entre les
hommes et les femmes. L'anthropologie souligne légitimement
les invariants à l'œuvre dans les combats livrés entre les commu-
nautés depuis l'aube de l'humanité : pillages, viols, destruction
des cités ennemies, massacres généralisés sont les attributs récur-
rents et permanents du phénomène guerrier[1]. Les guerres
contemporaines n'y échappent évidemment pas et il y a bien un
invariant des horreurs de la guerre. Mais, on voudrait montrer en
quoi les transformations des techniques militaires de ce siècle
ainsi que l'extension de leurs aires temporelles (des guerres longues), géographiques (des guerres mondiales) et mentales (des
guerres totales) ont pu infléchir la pensée même de la violence et
induire des transferts réciproques, du masculin vers le féminin et
du féminin vers le masculin, dans les conflits de notre temps.
  La lecture proposée à titre d'hypothèse de recherche repose sur
un repérage de tendances bien plus que sur des faits dont les
conséquences ont été tangibles dans les sociétés des États impli-
qués dans les deux guerres mondiales. Néanmoins, ces tendances

permettent de mettre en lumière des phénomènes nouveaux, apparus à partir de 1914 et généralisés au cours du siècle. Ces phénomènes mettent en question le modèle exclusif de la division sexuelle en période de conflit. Schématiquement, jusqu'à la Grande Guerre, une répartition claire des rôles et des attributs entre le masculin et le féminin était universellement admise. Dans les pratiques comme dans les représentations, aux hommes étaient dévolus le port des armes, le droit et le devoir de tuer, la gloire de la victoire, l'honneur et les fatigues de la guerre. En somme, l'équation soldat/virilité ne souffrait que d'exceptions qui dans le temps comme dans l'espace en confirmaient la règle. *A contrario*, aux femmes étaient attribués le repos de ce même soldat, les soins et le dévouement aux blessés, la tenue matérielle et morale des familles, les larmes du deuil. L'équation paix/féminité avait toutes les apparences de la pérennité. En quoi la période ouverte par l'attentat de Sarajevo a-t-elle pu, non pas changer véritablement, mais du moins faire vaciller ces assignations ?

Le bombardement stratégique, nouveau moyen de gagner la guerre

Dans une répartition entre les sexes qui semblait immuable, la Première Guerre mondiale a introduit une brèche irréparable. En plus de l'utilisation nouvelle des canons à longue portée, la « Der des der » a en effet été le banc d'essai sur une échelle significative d'un nouveau moyen de combat appelé bombardement stratégique. Il consistait à faire larguer par des avions, volant à plus ou moins grande altitude, des bombes explosives et incendiaires sur des cibles situées hors du périmètre traditionnel des combats[2]. Mis à part son importance sur le plan de l'innovation technologique qui n'est pas de notre propos ici, son originalité, précisément décrite par l'Italien Gilio Douhet, son principal théoricien, est triple[3]. Tandis que les combats au corps à corps n'avaient pas disparu des tranchées, l'utilisation de l'aviation a opéré, d'abord, une distanciation entre le combattant et son ennemi. Avec le bombardement stratégique, la dimension physique du face-à-face guerrier disparaît ; il est en effet potentiellement « déréalisé » puisque l'aviateur aux commandes de son engin se trouve à plusieurs centaines de mètres au-dessus de ceux qu'il a pour mission de tuer[4]. Ensuite, le bombardement stratégique transforme le corps même de cet ennemi : il ne s'agit plus seulement de l'écraser, de lui faire rendre vie dans le champ clos de la bataille, mais, dans une conception plus globale du lieu des combats, d'atteindre les grands centres urbains où vivent les populations civiles. Celles-ci, objets d'attaques aériennes aux conséquences dévastatrices et supposées décisives, doivent être visées avant même les affrontements terrestres classiques. Car, et c'est le troisième volet de la théorie du bombardement aérien, le feu venu du ciel a un but psychologique et moral essentiel. Si le métier du soldat classique, guerrier des temps anciens, était de tuer et de mourir, les populations civiles n'étaient touchées qu'à la marge par les conséquences meurtrières de la guerre[5].

La séparation entre le civil et le militaire a commencé à se brouiller au cours du XIXᵉ siècle, en particulier lors de la guerre de Sécession américaine. Au début du XXᵉ siècle, la tendance est définitivement inversée. Désormais, les populations civiles, comprenant hommes, femmes et enfants, ouvriers, paysans et non-combattants, forment un groupe spécifique et nommément visé, qui doit être déstabilisé par le terrifiant danger venu des airs. Découragées devant des souffrances inouïes, elles doivent réagir par un mouvement de défaitisme, en « lâchant » militaires et gouvernants et en réclamant la fin des bombardements et le retour de la paix, même au prix d'une humiliante défaite. Sans être de véritables combattants, les civils sont désormais perçus comme un groupe de pression, dont l'opinion est une arme stratégique. Constitués en un seul ensemble, hommes et femmes courent des dangers analogues, ils deviennent égaux devant la mort.

L'ensemble des belligérants s'étant rallié à cette nouvelle conception de la guerre, entre 1914 et 1918, chacun des camps s'est appliqué, dans la mesure de ses moyens et de l'importance de son aviation, à bombarder systématiquement les populations civiles massées dans les villes ennemies. Il est vrai qu'entre

1914 et 1918, par rapport aux immenses saignées que provoquèrent les grandes batailles terrestres livrées sur l'ensemble des fronts, le nombre de tués et de blessés dû aux bombardements a été relativement faible. Paris, par exemple, a été une des premières villes françaises, avec Reims, victime des bombardements stratégiques. Du 30 août 1914 à la fin de mars 1918, la capitale a subi les raids des taubes et des zeppelins allemands : s'ils ont durablement marqué la mémoire des Parisiens, s'ils ont introduit chez les victimes un sentiment de véritable rupture dans la pratique de la guerre, ils n'ont fait *qu'un millier* de morts. Mais, en visant les ressources démographiques, industrielles et économiques de l'adversaire, en s'attaquant aux fondements sociaux et politiques des nations par la destruction de leurs villes — celles du front où se livraient les batailles comme celles de l'arrière peuplées de non-combattants —, en prenant donc pour cibles les civils tenus jusqu'à cette époque, théoriquement du moins, hors des zones de combat, les tenants de l'arme aérienne annonçaient la fin des schémas classiques. Ils se faisaient les promoteurs d'une stratégie inédite où ceux, et donc celles, qui ne portaient pas les armes étaient un enjeu physique et moral dont dépendait, pour une très large part, la victoire ou la défaite.

Les théoriciens du bombardement stratégique, comme les pouvoirs publics qui avaient à préparer leur pays à la guerre, étaient parfaitement conscients d'une partie des conséquences culturelles et mentales de ces idées. Pour ne prendre qu'un exemple dans un domaine très sensible, celui du travail salarié des femmes déjà pratiqué, sinon admis par les discours du début du siècle sur la question, la vulnérabilité des centres urbains impliquait une nouvelle donne. Ainsi, le 2 mai 1939, un rapport de l'Inspection générale du travail notait avec clairvoyance les changements qui se produiraient dans le conflit imminent. « Au cours de la guerre de 1914-1918, les populations avaient à l'arrière du front une vie relativement tranquille. Les centres industriels non seulement avaient gardé, sauf les mobilisés, leur population habituelle, mais encore ils étaient surpeuplés de réfugiés et de rapatriés des régions envahies et le recrutement de la main-d'œuvre féminine était ainsi relativement facile.

Comment ce recrutement pourra-t-il se faire au cours d'une guerre nouvelle, alors que la vie des citadins serait tellement tourmentée qu'on a déjà, d'ores et déjà, prévu leur repliement[6] ? » La guerre précédente, tout en opérant une radicale séparation des sexes puisque les tranchées étaient un univers exclusivement masculin, avait parallèlement amorcé leur indifférenciation en mettant les femmes au travail pour remplacer les hommes partis au front[7]. L'évolution est parallèle entre l'indifférenciation des hommes et des femmes et la généralisation de la violence. Comment imaginer que les combattants qui avaient vécu pendant quatre ans dans une atmosphère de mort, dont le rôle avait été nuit et jour de tuer l'ennemi, aient pu laisser sans transition cette violence au seuil de leur foyer ? Désormais, les bombardements opéraient une certaine égalisation devant un danger qui pesait sur tous et l'omniprésence de la violence — différente, certes, de celle qui régnait au front — dans la sphère publique gangrenait tous les aspects de la vie collective et individuelle, sans épargner l'espace du privé.

La « culture de guerre », une violence généralisée

L'historiographie actuelle de la Première Guerre utilise volontiers la notion de « culture de guerre » pour décrire ce nouveau climat[8]. Elle met en avant l'idée du franchissement d'un seuil ou même d'une rupture irréversible entre la Belle Époque de l'avant-déflagration et les temps des massacres généralisés qui l'ont suivie. Certains auteurs insistent même sur le fait que « la guerre mondiale a été largement engendrée, dans sa violence radicale, par la culture de guerre elle-même : celle-ci ne serait pas une conséquence de la guerre mais sa véritable matrice[9] ». Ils soulignent combien la totalisation de la guerre dans les temps, les esprits et les espaces, a été profondément induite par l'essor de la « brutalisation », c'est-à-dire de l'exercice de tous les modes possibles, imaginables ou impensés de la brutalité. Le degré de déshumanisation atteint lors de la

Seconde Guerre, en particulier dans les camps de concentration et d'extermination nazis, ne peut qu'aller dans ce sens.

C'est à partir de cette notion que l'on voudrait étayer l'hypothèse des transferts entre le masculin et le féminin. Les auteurs qui ont étudié la place des femmes dans les guerres, ont montré que ces périodes, hormis les bouleversements induits sur le plan strictement militaire, ont également brouillé les rapports sociaux, économiques, politiques, culturels et mentaux ainsi que les relations entre les sexes. Ne pourrait-on pas également affirmer que la culture de guerre a engendré des hommes aux attributs féminins et des femmes aux « vertus » masculines [10] ? Déclinons quelques points de la culture de ces guerres entendues comme l'affirmation du nationalisme, qui a fait son terreau de différents courants d'idées éclos à la fin du XIXe. Parce que, tendanciellement, l'ennemi ne doit plus seulement être vaincu mais bien déchu de son identité nationale, voire exterminé, elle écarte la raison et le rationnel dans la pensée au profit de l'instinct et de l'intuition, exalte le sentiment et le mysticisme dans le politique et les modes de vie, prône l'obéissance au chef, la soumission et le sacrifice à la communauté. Voilà bien quelques-unes des qualités tenues, par ces discours mêmes, pour féminines. Les hommes devraient pourtant désormais les endosser, opération d'une dialectique subtile qui les féminiserait tout en leur donnant un surcroît de virilité et de puissance. Quant aux vertus que sont l'impassibilité devant deuils et malheurs, l'héroïsme décliné sous toutes ses formes, la gloire du combat pour la liberté, les femmes n'ont-elles pas été appelées à les pratiquer ? L'exemple, trop isolé pour servir une démonstration générale, de bataillons de femmes russes en 1916-1918, est une piste à explorer [11]. On aboutit ainsi à une double image, aux contours flous : tandis que la « culture de guerre » dessine ses hommes sous les traits de soldats héroïques *et* de brutes sanguinaires, les bombardements renvoient les femmes dans le troupeau apeuré des civiles désarmées. Parallèlement, elles entrent dans l'univers masculin en maniant elles aussi les armes. Il faut donc suivre d'un même regard l'aggravation de la distinction entre soldats qui peuvent se défendre et civils sans défense et la transformation des rôles masculins et féminins.

Malgré tout, dans les représentations dominantes des sociétés occidentales de la première moitié du xxᵉ siècle, tandis que la violence masculine semblait inévitable, socialement acceptée et patriotiquement indispensable, on en restait à l'idée que le respect de la vie et la non-violence s'attachaient toujours de nature, de droit, et de fait, au féminin. C'est pourquoi — avec toutes les difficultés inhérentes à ce type de réflexion — il serait intéressant de poursuivre la construction de l'objet historique « violence sur les femmes/violence des femmes » qui se glisserait dans les interstices de cette répartition attributive des rôles types de la différence des sexes [12]. En ce sens, l'étude des guerres du xxᵉ siècle semble un bon cas d'application pour mener cette tentative. On vient d'esquisser combien la pratique du bombardement aérien, partie intégrante de la « culture de guerre », effaçait la différence entre le civil et le militaire, le front et l'arrière, les combattants et les autres, les hommes et les femmes. Dans ce climat de violence généralisée, où celle-ci n'est plus canalisée et confinée aux champs de bataille, il pourrait être relativement facile de suivre les transformations — à la fois discursives et réelles — des attributs traditionnels et stéréotypiques du masculin et du féminin.

On pourrait également réinterpréter la problématique de la violence des femmes, réputée hors normes, à la fois comme une réponse à une violence subie et comme une participation à cette nouvelle culture issue ou enracinée dans les conflits mondiaux. Prenons le cas des avortements et des infanticides commis après les viols perpétrés pendant la Première Guerre par les soldats des deux camps, récemment étudiés par plusieurs auteurs [13]. Ces derniers se sont avant tout intéressés aux discours que ces viols ont produits et aux usages politiques et idéologiques qui ont été faits de ces « actes de guerre ». Leurs travaux ont souligné combien presque tous ceux et celles qui ont abordé la question entre 1915 et 1925 étaient hostiles aux avortements des femmes enceintes après un viol. Des conservateurs aux féministes, un consensus partiel s'est établi au nom d'un arrêt de la violence, les futurs enfants devant vivre pour ne pas augmenter le poids des

morts et témoigner de la victoire des forces de vie. Cette orienta-
tion de la recherche est pour partie due à d'évidentes raisons de
documentation. Violeurs et violées apparaissent d'autant moins
dans ces études qu'ils ont laissé peu de traces archivistiques.
Encore qu'il soit du travail des historiens de les chercher[14].

On pourrait pourtant approfondir ces analyses en quittant le
plan discursif pour plonger, par exemple, dans les archives judiciaires. Les avortements et les infanticides seraient alors lus
comme autant de réponses individuelles à une agression dont les
victimes, mères d'un enfant de l'ennemi, ne pourraient assumer
les conséquences des violences subies. Cet angle de vue, qui n'est
abordé qu'à la marge dans les travaux que l'on vient d'évoquer,
mériterait qu'on s'y attache. S'il était possible de tenter une
approche chiffrée du phénomène, puisqu'il y a eu des avortements et des infanticides en nombre conséquent, il y aurait là une
belle étude à mener sur les écarts entre les discours des politiques
et des intellectuels et les pratiques réelles des victimes. Comme
le dit Stéphane Audoin-Rouzeau dans l'introduction de son livre,
« les viols sont au carrefour d'une histoire de la violence de
guerre et d'une histoire des corps dans la guerre — ceux des hommes, ceux des femmes — qui reste encore largement à écrire ».

Histoire des corps masculins et féminins dans la guerre : on
bute peut-être là sur une objection majeure. Que valent les
réflexions sur les transferts entre le masculin et le féminin et sur
la transformation des rôles sociaux quand demeurent les faits biologiques ? Les hommes blessés, humiliés, violés, combattants ou
civils, ont sans doute transmis, avec ou sans conscience, à leur
descendance des traces de leurs douleurs ; les femmes ont-elles
eu, ont-elles le choix de ne pas porter l'enfant de l'ennemi ? En
gardant cela à l'esprit, on reviendra une dernière fois aux bombardements et au cas si particulier de la France de Vichy.

Hommes foudroyés, nouvelles combattantes

La période 1940-1944 en France fournit en effet un bon
exemple pour étudier les transferts ténus entre le masculin et

le féminin. À partir de juin 1940, l'État français ayant signé l'armistice avec l'Allemagne, les hostilités furent suspendues sans que la guerre fût pour autant terminée. Son armée, en grande partie prisonnière, devait être démobilisée à l'exception des 100 000 soldats et officiers de l'armée d'armistice. Les hommes, rendus à la vie non militaire, rejoignirent, par leur statut de non-combattants, les femmes, les enfants et les vieillards. Ils étaient désormais fondus dans la masse de la population civile, cette nouvelle cible des bombardements. Au cours de la Seconde Guerre, la pratique des bombardements stratégiques s'est accompagnée de débats, en particulier au sein des états-majors alliés [15]. Dès 1942, avant même les grands raids sur Hambourg, certains responsables de l'état-major allié ont douté de leur efficacité. D'autant que l'expression de la composante psychologique et morale des théories du bombardement stratégique n'a généralement pas dépassé les cercles des hauts commandements et des gouvernements. Comme si son cynisme et son inhumanité obligeaient ses tenants à maquiller leurs véritables intentions, à se réfugier prudemment derrière des déclarations en demi-teinte et des justifications plus ou moins embarrassées. Les tracts qui accompagnaient les bombes lancées sur Paris à partir de 1941 en sont le témoignage. Les responsables alliés des raids y expliquaient que cette mort administrée servait le combat pour la liberté [16]. Cette discrétion explique pourquoi cet aspect de la théorie du bombardement stratégique reste aujourd'hui si mal connu, en dehors des milieux spécialisés des militaires et des historiens ; malgré les controverses, il est encore couramment admis que les raids alliés sur la France occupée, comme sur le reste de l'Europe allemande, poursuivaient des cibles industrielles et économiques, les pertes civiles étant des bavures aussi regrettables qu'indispensables dans la poursuite de l'effort de guerre.

Quoi qu'il en soit, contrairement à la surprise terrifiée qui a suivi les premiers bombardements d'ampleur de la Grande Guerre, en 1939-1945, les populations civiles ont estimé que le feu venu du ciel était une forme inédite mais normale des misères habituelles de la guerre, un corollaire inévitable au nouveau conflit dans lequel elles étaient entraînées. En ce sens, dès sa généralisation, le bombardement a en grande partie manqué ses visées psychologiques. Paniques et mouvements de foule incontrôlables — pourtant l'un des buts avoués de la théorie du bombardement stratégique — ont été l'exception, alors qu'à Paris, en 1918, les départs précipités pour éviter les bombardements ont été relativement nombreux. En France, l'exode du printemps 1940, véritable affolement populaire d'autant moins maîtrisable que les pouvoirs publics, en dépit d'une préparation réelle des replis, étaient eux-mêmes à la dérive, a été avant tout une conséquence de la peur des armées terrestres allemandes dans laquelle entrait la terreur de l'invasion et de l'Occupation. Le danger aérien, pour important qu'il ait été, n'y a pas tenu une place majeure, moindre peut-être que la peur des gaz. Jusqu'à une date récente, il a été tenu pour acquis que, dans leur ensemble, les habitants des villes bombardées ont gardé un étonnant sang-froid devant le cataclysme. Peu d'observateurs ont vu dans ce comportement un signe de fatalisme ou de passivité. Ils l'ont plutôt interprété comme une manifestation de courage et de civisme patriotique. Même s'il s'avérait qu'elle ait relevé davantage du mythe que de la réalité, l'attitude pleine de dignité des Londoniens pendant le Blitz reste à cet égard un modèle unanimement admiré. Avec leur fermeté devant les bombes, leur héroïsme du quotidien consistant à assurer la vie coûte que coûte à l'usine comme au foyer, les hommes qui subissaient l'assaut des bombes ont-ils agi comme le faisaient les femmes depuis la nuit des temps ? Ont-ils inventé une forme de résistance hors du champ du politique ?

Qu'ont fait, à l'inverse, les Françaises qui se sont engagées, au sens véritable du terme, dans la Résistance ? Les premières études sur ces questions ont voulu démontrer, et ont réussi à le faire, qu'elles n'ont pas fait mauvaise figure dans les rangs clairsemés de ceux qui ont refusé la défaite et l'Occupation. Tandis que certains auteurs ont souligné que, nouvelles combattantes, certaines ont réellement porté les armes, d'autres ont montré qu'elles ont résisté « au seuil de la porte », là où était leur place en temps de paix [17]. À partir de ces premiers travaux,

155

des études sont en cours pour tenter de quantifier le nombre et la fonction des hommes et des femmes dans la Résistance française entre 1940 et 1944[18].

On pourrait donc ainsi analyser un phénomène aux visages de Janus. D'un côté, les guerres renforcent la permanence des rôles traditionnels dévolus au masculin et au féminin. Placées dans les problématiques de la différence, adaptées aux circonstances, ces permanences renforcent la violence et la puissance viriles ; de l'autre, à travers les transferts d'attributs, certes utilisés et réappropriés pour refonder les pouvoirs traditionnels des hommes mais générateurs d'une nouvelle identité féminine, apparaît une indifférenciation des sexes égalisante, devant le danger, devant la mort, devant la nécessité de résister. Égalisante, mais non égalitaire[19]. Dans la période 1914-1945, il semble que le respect de la différence et de ses attributs traditionnels ait davantage été prôné par les féministes et les femmes engagées dans le pacifisme ou dans la Résistance, tandis que l'indifférenciation égalitaire a plutôt servi les pouvoirs constitués, politiques et militaires[20]. Tour à tour sollicitées pour des tâches dites masculines et renvoyées à leur place antérieure, les femmes ont été de fait soumises à un type de transfert analogue à celui que vivaient parallèlement les hommes, dévirilisés par la perte de leur statut de guerriers porteurs d'armes, tout en restant théoriquement seuls sous les drapeaux.

Transferts si ténus qu'ils ne menacent pas le statu quo ? L'historiographie américaine affirme que cette dévirilisation des hommes a profondément perturbé les rôles sexuels antérieurs alors que l'historiographie française avance qu'il s'agit de changements éphémères. Dans cette esquisse, les deux guerres mondiales ont été conçues comme des mécanismes de passage, à la fois facteurs d'accélération de l'indifférenciation et éléments de résistance à l'égalité des sexes. En France au moins, le bombardement aérien, qui a signé tendanciellement la mort du guerrier, n'a pas impliqué pour autant la naissance d'une nouvelle figure de l'Amazone[21]. Mais il a ouvert la porte à des transferts réciproques entre le masculin et le féminin, dont il faudra, si l'on en accepte l'hypothèse, faire une étude fine et précise en particulier dans les autres pays concernés par les deux conflits mondiaux. Il reste que cette nouvelle façon de conduire la guerre, qui s'est superposée aux anciens modes d'extermination, a aussi plongé hommes et femmes dans un univers de violence dont les frontières et les finalités n'ont jusqu'à présent plus cessé de reculer.

NOTES

1. F. Héritier, *Masculin/féminin. La pensée de la difference*, Paris, Odile Jacob, 1996, et F. Héritier (dir.), *De la violence*, Paris, Odile Jacob, 1996. Je remercie S. Audoin-Rouzeau, C. Andrieu et H. Rousso pour leurs suggestions attentives devant ces hypothèses fragiles.

2. P. Facon, *Le Bombardement stratégique*, Paris, Éd. du Rocher, 1996.

3. D. David, « Douhet ou le dernier imaginaire », *Stratégiques*, janvier 1991, pp. 221-240.

4. On pourrait objecter que, depuis la fin du Moyen Âge, l'introduction des premiers canons avait commencé cette transformation qui a abouti pendant la guerre de 1870-1871 aux bombardements de Strasbourg et de Paris. Schématiquement, jusqu'à la Première Guerre, les canonniers avaient toujours un contact physique avec les boulets et voyaient encore leurs cibles. Dans l'étude d'un processus à l'œuvre qui nous intéresse ici, l'utilisation des canons à longue portée marque une étape fondamentale de l'évolution. Ph. Contamine, *Guerre, État et société à la fin du Moyen Âge*, Paris-La Haye, Mouton-EPHE, 1972.

5. A. Farge, *Les Fatigues de la guerre*, Paris, Gallimard, 1996.

6. AN, ministère du Travail et de la Prévoyance sociale, 760 130, article 2. Rapport de l'inspecteur général du Travail sur l'emploi des femmes aux fabrications de guerre.

7. F. Thébaud, *La Femme au temps de la guerre de 14*, Paris, Stock-Laurence Pernoud, 1986.

8. Cette expression a été employée par les historiens qui travaillent autour de l'Historial de Péronne. Un colloque international les y a réunis en juillet 1992 pour tenter une histoire culturelle de la Grande Guerre. La plupart des communications ont été publiées dans *Guerres mondiales et conflits contemporains*, n° 171, juillet 1993, dans *Guerre et cultures*, Paris, Armand Colin, 1994, et dans « La guerre de 1914-1918. Essais d'histoire culturelle », numéro spécial de *Vingtième siècle. Revue d'histoire*, n° 41, janvier-mars 1994.

9. S. Audoin-Rouzeau et A. Becker, introduction au numéro de *Vingtième siècle. Revue d'histoire*, cité à la note précédente.

10. M.-L. Roberts, *Civilisation without Sexes. Reconstructing Gender in Postwar France, 1917-1927*, Chicago, University of Chicago Press, 1994 ; F. Thébaud (dir.), *Histoire des femmes en Occident*, t. 5 ; *Le xxe siècle*, Paris, Plon, 1992. Il n'est pas du propos ici de discuter la conclusion générale de cet auteur sur le peu de changements, à long terme, de la place des femmes dans les sociétés occidentales après les deux conflits mondiaux.

11. C. Bard, *Les Filles de Marianne. Histoire des féminismes, 1914-1940*, Paris, Fayard, 1995, p. 142.

12. F. Muel-Dreyfus, *in Vichy et l'éternel féminin. Contribution à une sociologie politique de l'ordre des corps*, Paris, Le Seuil, 1996, fait de façon très intéressante la démarche inverse : analyser les processus de reproduction de l'idéologie de l'éternel féminin dans ce moment particulier de l'histoire française qu'a été le régime de Vichy. Elle dit justement que « travailler sur la place symbolique et pratique, allouée aux femmes par l'État français, c'est travailler sur la violence de la banalité ».

13. R. Harris, « The Child of the Barbarian : Rape, Race and Nationalism in France During the First World War », *Past and Present*, n° 141, novembre 1993, pp. 170-206 ; J. Wishna, « Natalisme et nationalisme pendant la Première Guerre mondiale », *Vingtième siècle. Revue d'histoire*, n° 45, janvier-mars 1995, pp. 30-39 ; S. Audoin-Rouzeau, *L'Enfant de l'ennemi, 1914-1918*, Paris, Aubier, 1995.

14. L'exemple des travaux récents sur les femmes tondues à la Libération montre que des sujets réputés intraitables faute d'archives s'éclairent une fois la recherche entamée ; F. Virgili, « Les tontes de la Libération en France », *in* F. Rouquet et D. Voldman (dir.), *Identités féminines et violences politiques (1936-1946), Les Cahiers de l'IHTP*, n° 31, octobre 1995, pp. 53-64.

15. P. Facon, *in Le Bombardement stratégique, op. cit.*, fait le point sur ces controverses et sur la littérature militaire et historique qu'elles ont suscitées.

16. Archives de la préfecture de police de Paris, B^A 1759.

17. P. Schwartz, « *Partisanes* and Gender Politics in Vichy France », *French Historical Studies*, 16-1, printemps 1989, pp. 126-151 ; L. Douzou, « La Résistance, une affaire d'hommes ? », *in* F. Rouquet et D. Voldman (dir.), *Identités féminines..., op. cit.* pp. 11-24.

18. *Le Mouvement social* prépare un numéro sur l'histoire sociale de la Résistance ; on attend en particulier l'article de C. Andrieu sur le nombre respectif d'hommes et de femmes dans les mouvements de résistance.

19. G. Fraisse, *La Différence des sexes*, Paris, PUF, 1996, en particulier le chapitre « Ruptures ».

20. F. Thébaud, « Le féminisme à l'épreuve de la guerre », *in* R. Thalmann (dir.), *La Tentation nationaliste, 1914-1945*, Paris, Deux Temps Tierce, 1990, et C. Bard, *Les Filles de Marianne, op. cit.*

21. M. Perrot, « Sur le front des sexes : un combat douteux », *Vingtième siècle. Revue d'histoire*, n° 3, juillet 1984, numéro spécial *La Guerre en son siècle*, pp. 69-76.

VÉRONIQUE NAHOUM-GRAPPE

Guerre et différence des sexes : Les viols systématiques (ex-Yougoslavie, 1991-1995)

Le 27 juin 1996, le Tribunal pénal international siégeant à La Haye, créé pour juger les atteintes aux droits de l'homme commises en ex-Yougoslavie depuis 1991, a pour la première fois incriminé le viol en tant que crime contre l'humanité, à propos du dossier Foca. Entre le 7 et le 17 avril 1992, Foca, petite ville bosniaque, est tombée entre les mains des forces armées militaires et paramilitaires serbes. Avant la déportation de toute la population non serbe, des massacres et des tortures ont été commis par ces troupes, dont des viols systématiques, collectifs et accompagnés de sévices et de meurtres de femmes et de petites filles enfermées dans ce but dans des appartements, maisons ou motels.

Il est maintenant établi que dans le programme de nettoyage ethnique pratiqué à 90 % par les forces commandées par le pouvoir de Belgrade-Pale responsable de l'agression, les viols étaient systématiques et pratiqués surtout par les groupes paramilitaires, mais pas seulement par eux. Ces groupes font partie de l'ensemble du dispositif militaire et ont un rôle précis, toujours le même, sur le terrain. Ils sont en première ligne du nettoyage proprement dit, terrorisent les populations civiles avec les premiers massacres, viols, tortures et volent systématiquement les biens des victimes. Mais leur action est toujours concertée avec celle de l'armée régulière fédérale JNA ou son émanation bosno-serbe, directement impliquée dans les massacres systématiques de populations, surtout masculines, pendant

toute la guerre, depuis Vukovar (novembre 1991) jusqu'à Srebrenica (juillet 1995). Les *Mémoires* de Borisav Jovic, dernier
représentant serbe au sein de la présidence collégiale yougoslave en 1991, ont été, dès leur parution, retirés de la vente à
Belgrade en 1995 ; ils confirment naïvement le choix politique
de la guerre fait par les responsables militaires et politiques de
la « nouvelle Yougoslavie » prise en main par Milosevic depuis
1986.

Les psychiatres qui ont travaillé avec les réfugiées ont été en
fait les premiers interlocuteurs des victimes de viols. Bien souvent, une tentative de suicide, une hémorragie provoquée par
une tentative d'avortement tardif, ou d'autres problèmes encore
sollicitaient le regard médical : c'est au cours du suivi psychiatrique que les premiers témoignages importants se sont fait
entendre dès 1991-1992 en Croatie et en Allemagne, pays où
le nombre de réfugiés était très élevé[1]. Toutes les informations
en provenance de la Bosnie étaient rejetées, soupçonnées d'être
manipulées par les organismes internationaux. Ainsi, les hôpi-
taux bosniaques situés dans les enclaves assiégées dont la population avait parfois doublé n'ont reçu que peu de visites, à Bihac
et Srebrenica comme à Sarajevo[2]. Mais le dossier sur ce que
désigne en pratique l'expression « nettoyage ethnique » (nettoyage et purification traduisent un même mot en langues serbe,
croate et bosniaque : *ciscenjc*), qui s'appuie sur de nombreuses
enquêtes, doit être présenté avant d'aborder notre thème central.

Comment penser une guerre pendant qu'elle arrive ?

Depuis le printemps 1991, les rapports se sont multipliés,
issus du terrain et relevant d'horizons professionnels hétérogènes : personnels soignants humanitaires travaillant sur place au
sein d'ONG (organisations non gouvernementales), de MSF
(Médecins sans frontières), MDM (Médecins du monde),
Enfance et partage, Enfants du monde, Mères pour la paix, à
Pharmaciens sans frontières, la liste serait interminable et internationale. Beaucoup de ces organismes ont, dès le début du

conflit, accueilli les réfugiés et tenté d'être présents dans les zones assiégées. Leurs témoignages et leurs rapports, non traduits, n'ont guère été publiés, surtout au début. Pourtant, la campagne de presse effectuée par MDM au début de l'année 1993 contre le pouvoir de Belgrade et incomprise en France ne peut être saisie qu'en fonction de ces informations issues du terrain mais restreintes au début à l'espace associatif interne. De nombreux groupes d'observateurs juridiques et politiques non gouvernementaux comme Helsinki Watch, la Commission Warburton, Amnesty International, etc., ont aussi effectué un travail rigoureux de collecte de données dès le début du conflit, et même avant sur la question du Kosovo. Les organisations internationales ont aussi désigné des commissions d'enquête, la CEE et ses observateurs en blanc[3], mais surtout, après le premier rapport Joinet, accablant (1991-1992), l'ONU va déléguer un observateur sur le terrain, Tadeusz Mazowiecki, qui fera dix-sept rapports pour la Commission des Droits de l'homme de l'ONU, jusqu'en juillet 1995 (date de sa démission après les événements de Srebrenica). Leur synthèse, effectuée par le rapport Bassiouni, qualifie officiellement de « génocide » ce qui a été perpétré à l'encontre des populations civiles agressées (déposée à Genève en mai 1994). Des organismes comme la CIA vont effectuer leurs propres enquêtes, sur la base non seulement d'un travail de terrain, mais aussi de photographies aériennes prises depuis le début du conflit comme celles du massacre de Brcko en mai 1992 (3 000 personnes environ) jusqu'à celui de Srebrenica (juillet 1995), qui seront publiées en 1995. La Croix-Rouge internationale, la Forpronu française et surtout le HCR ont effectué leurs propres enquêtes, non disponibles pour le public mais auxquelles le Tribunal pénal international devrait pouvoir avoir accès. Les armées sur le terrain, notamment l'armée française, ainsi que les services de renseignements de nombreux pays, ont mené leurs propres investigations — qu'elles sont tenues de livrer au Tribunal international, ce que l'armée française refuse encore sous prétexte de « secret défense », lequel, juridiquement, doit être levé en cas de génocide. Tous ces organismes ne se faisant pas confiance (ainsi les militaires français apprenaient dans leurs briefings que, là-bas, « tout le monde mentait »), ils envoyaient à chaque fois de nouveaux enquêteurs. Rarement, en somme, une telle masse d'enquêtes hétérogènes et parallèles ont eu lieu sur le théâtre d'une guerre. Mais à tous des zones entières étaient interdites (pour leurs déplacements non accompagnés), à savoir les zones bosniaques occupées par les forces serbes.

Les journalistes de terrain et les reporters ont été très courageux dans ce conflit (cette profession a compté de nombreux morts et blessés) ; leur action a été déterminante à partir de l'été 1992 dans le travail d'information de l'opinion publique. En France, *Le Nouvel Observateur* publie les premiers dossiers sur le nettoyage ethnique, dont le dossier Warburton sur les viols, dans *Le Livre noir de la guerre en ex-Yougoslavie*, en 1993. Mais c'est un journaliste américain de *Newsday*, Roy Gutman, qui le premier a dénoncé les viols et les camps de concentration, le 2 août 1992, dans un article traduit en français depuis[4]. Le travail des journalistes dépendait de leur connaissance de la langue ainsi que des autorisations accordées à leurs déplacements ; leurs articles ont souvent été relus et corrigés, révisés à la baisse par les directions éditoriales qui ont ainsi effectué l'erreur inverse de celle du charnier de Timisoara en décembre 1989 (dans ce dernier cas, ce sont les relectures éditoriales parisiennes qui avaient gonflé les chiffres). En 1991-1995, des guillemets et des nuances ont été ajoutés aux écrits des correspondants locaux, souvent de jeunes pigistes compétents et courageux, mais situés en bas de la hiérarchie des grands quotidiens français, eux-mêmes en proie à des tensions terribles et victimes de la déréalisation du terrain *dont ils étaient les artisans*. De nombreux écrits vont voir le jour ces prochaines années, des recherches et des romans, des témoignages et des analyses, concernant le cauchemar de la purification ethnique mais, d'ores et déjà, il n'est plus sérieux de dire « tous coupables » même si, bien sûr, il y eut des horreurs dans tous les camps. La propagande de l'agresseur et de ses alliés diplomatiques a consisté dès le début à mettre sur un même plan victimes et assassins : en 1997, il est légitime historiquement et juridiquement de taxer cette lecture des faits de « révision-nisme ».

Les viols sont attestés depuis le début de la guerre en Croatie (1991), mais leur aspect systématique et les pratiques d'enfer-mement et de grossesses forcées n'ont été perçues que lors de la guerre en Bosnie (1992-1995)[5]. Il est impossible encore de faire la synthèse des dossiers d'enquête concernant la purifica-tion ethnique, écrits dans des langues différentes par des orga-nismes tant juridiques que médicaux, ou politiques : ces dossiers traitent tous des viols de façon plus ou moins spécifi-que, soit comme tortures sexuelles inscrites au milieu d'autres tortures exercées contre les populations civiles à tous les stades de la purification ethnique, soit de façon plus particulière comme pratique trop récurrente pour ne pas être systématique. Le congrès qui s'est tenu à Bonn (International Congress for the Documentation of the Genocide in Bosnia-Herzegovina, 31 août-4 septembre 1995) a tenté d'effectuer une synthèse sur l'état de la documentation : plus de deux cents spécialistes étrangers étaient présents, chacun représentant une association impliquée dans l'élaboration d'un dossier d'enquête particulier — il ne faut pas oublier qu'il y a des réfugiés bosniaques jus-qu'en Australie. Beaucoup de travaux sont en cours de publica-tion, en langue anglaise surtout, et vont peu à peu être mis à la disposition du public, des juristes et des historiens.

À cause de ce conflit, la psychiatrie de guerre est un champ en pleine mutation. Le concept de « polytraumatisme », mis au point par l'équipe universitaire du Dr Kozaric-Kovacic à Zagreb, a été élaboré à propos des réfugiées d'ex-Yougoslavie et complète la définition du *Post-Traumatic Stress Disorder*. La plupart des études classiques de cette discipline concernaient auparavant les soldats et combattants masculins des guerres du XXe siècle (surtout ceux de la Première Guerre mondiale et ceux de la guerre du Viêt-nam)[6]. Le « polytraumatisme de guerre » tente à présent de définir un traumatisme pluriel où les causes de souffrance s'additionnent sans se mélanger[7] — perte de son toit et de ses biens, incertitude sur le sort d'un membre de la famille, fils, mari (le plus souvent ce sont les hommes qui manquent), ou autre disparu — sans compter les tortures ou les viols. Ce regard psychiatrique a permis de définir et donc d'intégrer à la problématique du viol le *traumatisme spécifique de voir violer ses enfants, petits-enfants* ou de *voir ses enfants assister au viol de soi.*

Dans les premiers témoignages diffusés pendant l'hiver 1992-1993, les viols apparaissaient comme une pratique suffisamment courante pour sembler systématique et ne plus entrer dans la définition classique des « viols de guerre ». Mais rapidement, une sorte de suspicion a pesé sur l'ensemble du dossier concernant le nettoyage ethnique et sur les « atrocités » commises, et la question des viols a servi d'argument en faveur du doute : pratiquer des « viols systématiques », commandés non par les pulsions « bestiales », mais trop humaines du soldat, mais par la volonté de détenir une « arme adéquate contre l'ennemi féminin[8] » semblait *incroyable, donc faux.* Comment « croire sérieusement » à certaines pratiques, quand elles semblent « démentes » au point que les énoncer a pu susciter le rire ! De sages psychanalystes ont alors attiré l'attention sur la « séduction » que provoquent de tels thèmes : ils sont horribles, donc séduisants, donc faux ! Comme si l'évidence du *faux* recoupait celle du *trop* (on reconnaît là un des arguments du négationnisme). De plus, ces viols obligeaient à penser la différence des sexes dans la guerre, *c'est-à-dire l'intrusion du féminin au cœur même du politique.* Il existe un lien entre le refus de faire face à la contemporanéité de la question des viols et celui d'accorder dans l'analyse des faits une place heuristique à la différence des sexes : leur « contemporanéité », c'est-à-dire non seulement leur place dans l'actualité, mais aussi leur inscription dans des processus sociaux et politiques caractéristiques de notre modernité — et non pas leur effacement en tant que vieilles pratiques coutumières des Balkans, resurgissant d'un tréfonds historique bizarrement naturalisé géopolitiquement. Combien de commentaires sur le thème « ce sont les Balkans sauvages » ont-ils été entendus surtout au début du conflit, et la question, non posée, était réglée d'avance ! Ces questions non posées — que se passe-t-il là-bas ? Pourquoi ces informations sur ce type de viol ? Qu'est-ce que le nettoyage ethnique ? — obligeaient à poser celle du rapport entre femme et violence en temps de guerre. L'interrogation sur cet usage contemporain des viols systématiques fut alors prise au piège des stéréotypes les plus classiques, ceux-là mêmes qui semblent exprimer la sagesse éternelle des nations.

Performance d'un stéréotype : les « atrocités de guerre »

Les tortures sexuelles ne constituent pas une nouveauté dans le programme de répression des régimes totalitaires en temps de paix comme en témoignent les rapports réguliers d'Amnesty International, et l'histoire des viols en temps de guerre semble se résumer au lien qui les tisse ensemble *a priori* : l'argument de l'incrédulité face aux informations concernant les pratiques du nettoyage ethnique était leur éternelle vérité, à savoir que *de tout temps* il y a *toujours* eu des atrocités et des viols lors des guerres. *Il n'y a donc pas de viols puisqu'il y en a toujours eu !*

En effet, les situations de guerre font émerger des récits d'atrocités sous plusieurs formes : les accusations de l'autre, désigné alors comme « barbare », s'appuient, dans la propagande guerrière, sur les récits d'« atrocités » commises à l'encontre des membres les plus vulnérables des populations civiles (enfants, femmes, etc.), ceux-là mêmes qui sont protégés par les lois et les règles de civilité en temps de paix.

Mais qu'est-ce qu'un *méchant* peut faire à une femme terrorisée ? Le viol ici est la réponse facile. Le roman d'Elsa Morante *La Storia* commence par un viol de guerre où les deux partenaires sont comme aspirés par la prévisibilité de la scène : elle est terrorisée et lui, le soldat, la coince dans un couloir, comme commandé par la peur qui vient d'elle.

La facilité du recours aux récits de viols et de cruautés dans les discours liés à la guerre n'implique pas que les pratiques de viols massivement réalisés au cours d'une agression armée soient dénoncées ni même notées. C'est ainsi que la France n'a jamais voulu reconnaître ceux commis pendant la guerre d'Algérie. Parfois, un dossier historique ou juridique dévoile des pratiques de viols réels et massifs exclus de la mémoire historique, toujours construite alors par les assassins lorsqu'ils sont vainqueurs. Nous ne pouvons reprendre ici l'histoire des viols en temps de guerre, remise en chantier récemment[9]. Mais soulignons ceci : la propagande de guerre, nourrie de récits de cruautés (dont les viols et les crimes contre les enfants sont les plus marquants), peut être entièrement fabriquée, fausser des données partielles, ou même refléter une réalité massive pour des raisons aléatoires ; *mais, dans tous les cas, elle offre toujours un programme d'action pour la vengeance.* Il y a des affinités sémiologiques entre la culture de guerre et celle de l'honneur viril, entre la définition du féminin enfermé dans la sexualité et l'appartenance des femmes aux hommes de la famille, entre l'investissement politique de la sexualité féminine et la vengeance, cet implacable marché viril sur lequel on rend œil pour œil, et éventuellement viol pour viol. Le travail de la propagande construit l'ennemi en jouant sur ce tissu associatif qui permet le glissement d'une vengeance justicière à une vengeance préventive : *autant faire à l'autre ce dont il nous menace.* Dans cette culture de la virilité agressive, le viol blesse l'honneur et saccage le bien des hommes auxquels la victime appartient par « le sang » ou l'alliance, blessure masculine qu'une vengeance pourra réparer, alors que la femme violée est déshonorée irrémédiablement dans son identité de genre. L'urgence de la vengeance est alors liée à la gravité *politique* du crime.

En ex-Yougoslavie — et au Rwanda où, un an avant les massacres d'avril 1994 qui furent pratiqués avec une rare cruauté et accompagnés de nombreux viols, la radio des « mille collines » a joué ce rôle aussi[10] —, la propagande de guerre ultra-nationaliste serbe a su user de récits de cruautés supposées commises par l'ennemi (Albanais du Kosovo violant les femmes serbes, Oustachis croates énucléant les enfants serbes, etc.). Même ceux qui n'étaient pas convaincus, tant les mensonges étaient *parfois grossiers*, perdaient cette confiance élémentaire accordée tout naturellement au présent et au lien social en temps de paix : les horreurs ont envahi l'espace des conversations avant celui du champ de bataille. Or, leur menace rend pensable la *pratique préventive* : le programme de la cruauté est prédictible. Les actes commis contre la femme enceinte et son fœtus, le viol de très jeunes filles s'inscrivent donc mécaniquement dans le programme des cruautés dénoncées. La propagande de guerre est obligée de construire l'image d'un ennemi cruel et menaçant, capable du pire (souvenons-nous que l'antisémitisme se nourrit historiquement d'une dénonciation des incroyables et bizarres cruautés que les juifs sont censés commettre à l'encontre des enfants chrétiens et de la menace qu'ils sont censés faire planer sur le monde). *Mais cette dénonciation-élaboration du programme des cruautés menaçantes, orchestrée dans une propagande nécessairement sans pudeur, constitue donc une des conditions de possibilité de leur première application.* À partir du moment où le parti de Milosevic a pris le tournant provisoire (1987-1994) d'instrumentaliser la ligne ultra-nationaliste serbe, en vue de poursuivre un but politique propre (il faut noter que Milosevic est le seul responsable politique à l'Est resté en place après la chute du mur de Berlin en 1989), la propagande, appelée « torture médiatique » par V. Stevanovic, écrivain serbe de Belgrade, a multiplié les images de corps nus et torturés, reprenant le style « Timisoara » où des corps dénudés offraient le programme des cruautés pensables mises en scène théâtralement. Les partis totalitaires, staliniens ou fascistes, ont pour caractéristique ce travail de reconstruction de la nouvelle version du réel qui doit, de gré ou de force, être adoptée par tous : les images et récits de cruautés permettent que ce soit *de gré*.

La question des pratiques réelles doit donc être abordée sous un angle déontologique spécifique, nécessitant un travail de recoupement de données et d'enquêtes de terrain, attentif aussi aux manières de construire l'ennemi avant et pendant les faits. L'efficacité du récit de cruauté où le viol vient inscrire son insoutenable tension de façon quasi naturelle tient à la violence qu'il constitue en tant que récit et à l'effet d'évidence que produit cette violence. Sous forme de propagande mensongère, ces récits sont toujours efficaces pour bouleverser un espace civil. Cette séduction sociologique du pire en récit qui est l'argument des rumeurs même en temps de paix empêche parfois l'analyse des faits.

Le viol comme crime contre le « lien du sang »

L'atrocité même des témoignages sur les viols en Bosnie a plaidé contre eux : on y reconnaissait un vieux stéréotype, celui des viols en temps de guerre, associé à l'impunité de la situation de guerre et aux pulsions des soldats sexuellement frustrés. Comme si les femmes de l'ennemi vaincu appartenaient au nouveau vainqueur de fait et *presque de droit* ; or, l'appartenance en ce qui concerne une femme est implicitement perçue comme sexuelle. La dissymétrie anthropologique entre masculin et féminin fonde l'évidence « naturelle » de ce stéréotype : l'acte sexuel est une « possession » du féminin par le masculin et non pas l'inverse. Le vainqueur dit « c'est à moi » lorsqu'il plante son drapeau sur la ville conquise et qu'il y viole les femmes, deux actions homologues en ce sens.

Les historiens grecs et latins, relus par les écrivains français classiques, offrent des modèles divers d'extermination d'un « peuple » ennemi : une ville peut être rasée — *delenda est* —, recouverte de sel, les hommes adultes de la communauté ennemie sont alors égorgés sur-le-champ, leurs chefs parfois humiliés, torturés publiquement, pris en otage ou mis en esclavage. Ou mieux, leurs « têtes » coupées sont exhibées comme preuves de la victoire : la « tête du chef », expression étymologiquement tautologique, est un trophée classique, car, en étant brandie, elle démontre que le pouvoir politique de l'ennemi masculin est visiblement tranché. Le sang des ennemis mâles arrose la plaine et ne se transmettra plus à leurs descendants, même si femmes et enfants survivent aux premiers massacres. Les femmes emmenées en esclavage porteront les enfants des nouveaux maîtres et elles ne pourront donc plus transmettre leur propre identité de groupe. Dans notre culture classique fondée sur une représentation sans cesse retravaillée de l'Antiquité latine ou grecque, l'idée qu'un « peuple » distinct en tant que communauté porteuse d'un nom, d'une mémoire collective, d'habitudes culturelles, religieuses, de coutumes, puisse être éliminé par la guerre suppose implicitement une dissymétrie entre masculin et féminin dans la responsabilité de la transmission identitaire collective. La filiation par le « sang » est l'œuvre des hommes surtout (ce qui n'est pas le cas dans toutes les cultures européennes ; par exemple, l'identité juive se transmet par les femmes), dont l'identité envahit même les épouses comme par imprégnation : les travaux de Françoise Héritier permettent d'en comprendre les mécanismes[11]. De là, l'enjeu dramaturgique et romanesque du prince sauvé et caché par un pauvre bûcheron, et qui revient sur la scène du politique vivre un « destin » fatal qui le dépasse et qu'il pressent : il est le dernier et le seul porteur de l'espoir identitaire d'une « race vaincue », contrairement à sa sœur, mariée au vainqueur. On pourrait suivre cette figure du *prince qui n'était pas mort* à travers différents supports littéraires, des tragédies du Grand Siècle aux contes populaires français dont les thèmes s'inscrivent dans la longue durée.

Notre culture classique européenne, indépendamment du point de vue juridique, est donc porteuse de cette idée qu'un « prince » hérite de l'identité paternelle, *donc politique* et *collective*, davantage que la « princesse », sa sœur. Cette dernière, une fois adulte, sera comme imprégnée identitairement par l'homme qui « la possédera », mari ou violeur Dans ce système classique de croyance, l'identité féminine n'est pas achevée et la fille « n'appartient » au père que provisoirement : ici, le sperme est pensé comme véhicule majeur du « sang », c'est-à-dire de la transmission du lien de filiation. *La femme est moins fille de sa mère que l'homme est fils de son père.* L'efficacité du viol en est redoublée et l'enfant du viol sera toujours *a priori* imaginé comme un fils, comme si une fille était moins porteuse de l'héritage tragique lié au mode même de conception.

Dans ce système de représentation classique, le viol de la

femme constitue non seulement une agression morale et physique, une prédation d'un bien qui appartient aux hommes de sa famille, *mais aussi un meurtre identitaire spécifique* qui change définitivement la femme et vise l'espace de la reproduction de toute sa communauté. Cet *assassinat de genre* qui peut économiser la vie de la victime est adapté au sexe de l'objet et constitue l'exact pendant de l'égorgement de l'ennemi masculin qui rend inféconde son sang versé. Égorgement des hommes et viol des femmes sont des crimes homologues qui s'adressent au même objet, le lien généalogique de transmission de la filiation, *à condition de supposer comme allant de soi la nature politique de cette transmission généalogique qui passe par la sexualité et la responsabilité masculine majeure dans cette transmission.*

Dans une culture qui enferme la définition du féminin dans son histoire sexuelle et en même temps dénie toute capacité de transmission d'identité autonome à sa descendance (qui hérite donc du père son nom et son identité « ethnique »), le viol est le pire crime pensable contre une femme : il souille définitivement la vertu féminine mais aussi change l'être de la femme, la dénature, elle ne peut que périr. On retrouve dans le *Salammbô* de Flaubert cette nécessité pour la reine violée de se donner la mort. En fait, il ne s'agit pas d'un vrai suicide, mais d'une simple remise à niveau entre la mort identitaire due au viol et la mort physique qui n'est plus rien. Dans la tragédie de Corneille, *Théodore vierge et martyre*, le viol par la « soldatesque » est imaginé par le tyran comme seule menace possible pour briser une héroïne dont le christianisme militant des premiers temps se rit des pires supplices. Le viol collectif effectué par une « ignoble » piétaille militaire à l'encontre d'une princesse vierge de haut rang est une menace bien plus efficace que celle de la mort ou des supplices. À l'intérieur de cette culture, la honte morale et sociale unilatéralement portée par la victime même innocente ne touchera jamais une « soldatesque » toujours puante et avinée, partante pour le viol des princesses ennemies comme pour une fête due. Le violeur collectif, plutôt imaginé comme appartenant au bas de l'échelle sociale, « ivre de sang et de vin », et dont l'action est pour ainsi dire légitimée par le contexte (la guerre, la victoire), témoigne de la dissymétrie du partage masculin/féminin qui s'accentue en temps de guerre : le viol est alors le moins coupable des crimes masculins, et il constitue en même temps le plus efficace des assassinats identitaires du féminin.

Il nous manque des outils pour comprendre les mécanismes qui relient le partage des rôles et des images véhiculées à l'intérieur d'une culture donnée et le choix de certaines pratiques. Il semble que le style du vocabulaire, comme parler d'« atrocités » de guerre plutôt que de crimes, parler de « viols de guerre » plutôt que de tortures sexuelles, parler de « guerres ethniques » ou « de guerres de religion » dans un contexte sociologique et historique d'une fin de XXe siècle européen (où est en place l'invention historique du dispositif État-nation et de la problématique de la citoyenneté), implique certains choix référentiels. La guerre en ex-Yougoslavie a été décrite surtout en son commencement dans des termes qui impliquaient une imagerie ancienne, celle des guerres de « toujours » donc de « jadis » où les peuples s'entr'égorgent et s'entre-violent, comme dans nos souvenirs scolaires... La question des viols, leur usage moderne et tout à fait contemporain ont été comme masqués par cet effet du stéréotype sur les descriptions, et la cruauté de ces « atrocités » a joué contre leur lisibilité, en les inscrivant dans un horizon de référence trop classique, donc comme déphasé, suspect de fausseté. L'étrangeté de pratiques contemporaines a donc été accentuée du fait de leur saisie dans les stéréotypes les plus rebattus de « la guerre » éternelle et de ses « atrocités » nécessairement liées. La meilleure façon de nier le présent, c'est de le renvoyer à l'éternité des répétitions fatales. Ces stéréotypes ne sont pas anodins, ils produisent des effets et même des performances : *la performance du stéréotype, c'est le négationnisme.*

Ainsi, les informations diffusées surtout pendant l'hiver 1992-1993 sur les viols systématiques en ex-Yougoslavie se sont-elles heurtées, d'une part, à une incrédulité fondée sur la conviction de faire partie d'une Europe « civilisée » que ces guerres anciennes et barbares entre « ethnies » ne pouvaient concerner et, d'autre part, à l'évidence du stéréotype classique selon lequel « c'est toujours comme cela, et de tout temps il y a eu des viols dans les guerres, etc. ». Cette dernière évidence est d'autant plus séduisante pour la conscience moderne qu'elle semble s'appuyer sur une sagesse immémoriale, cruelle *donc juste* : l'homme est un loup pour l'homme, encore plus pour la mère, la femme, la sœur et la fille de cet homme. L'imaginaire sexuel sollicité par la notion de viol, l'implication du féminin alors mis en œuvre, ont joué aussi dans le sens d'une « futilisation » du problème impossible à penser juridiquement et politiquement parce que perçu sous la dimension a-historique d'une double éternité, celle du destin balkanique et celle, moins grandiose, des histoires toujours gauloises « de fesses ». La première dénonciation des viols inscrits dans la pratique du nettoyage ethnique a donc été utilisée contre la dénonciation de ce même nettoyage ethnique, comme argument de son irréalité, malgré le déplacement en Europe de quelque deux à quatre millions de personnes [12] et la mort d'environ deux cent mille autres [13].

Les viols systématiques : un usage politique

L'ensemble des dossiers conclut sur un nombre oscillant autour de vingt mille viols, en faisant intervenir un coefficient de multiplication entre les cas incriminés juridiquement et les cas présumés. Il est difficile de faire témoigner les victimes devant un tribunal : des exemples de femmes ayant fait des tentatives de suicide après avoir accepté de témoigner ne sont pas rares. Non seulement le viol constitue une honte pour la victime (surtout si elle est une paysanne bosniaque âgée ou très jeune), mais il comporte aussi un risque ; certains pères ou maris veulent tuer leur fille ou leur femme quand ils apprennent le viol [14]. En temps de paix, l'histoire de l'incrimination des tortures sexuelles montre d'ailleurs la difficulté d'amener les victimes à témoigner.

L'incertitude dans l'évaluation quantitative des faits a été le second argument utilisé pour les nier : il allait de soi que le sérieux « scientifique » ne pouvait qu'être lié à la minimisation, c'est-à-dire à la déflation. Hélas, en termes de viols, le sérieux scientifique consiste à prendre en compte un coefficient de multiplication des données juridiques, sans doute différent actuellement pour les campagnes marocaines, les milieux féministes habitant New York, ou les terres bretonnes françaises. Nous laissons aux spécialistes le soin de construire leur objet quantitatif. Les témoignages donnent aussi des informations qualitatives.

Il semble que trois situations se rencontrent là où des viols sont commis plus visiblement. D'une part, au moment d'une invasion armée dans le village ou la petite ville : des massacres aléatoires d'hommes, souvent égorgés par les milices paramilitaires, mais aussi mitraillés, ont lieu massivement lors de ce premier moment, assortis de tortures, de vols et de viols. Ces pratiques ne sont pas cachées ; bien au contraire, elles ont lieu souvent sur la place publique, et, peut-on penser, en toute impunité ; elles sont répétitives, donc objets d'un programme dont seul un tribunal pourra mesurer le degré d'empirisme ou d'élaboration théorique. Ces pratiques sont plus ou moins gérées sur place par le dispositif militaro-policier de l'agresseur, et l'enfermement des femmes dans un lieu spécifique suppose un minimum de décision et de gestion. La visibilité des pratiques de cruauté témoigne de leur instrumentalisation politique classique : *produire la terreur*. Il n'est pas facile de faire partir des populations paysannes dont l'habitation constitue à la fois le patrimoine unique et l'outil professionnel premier (dans les camps de réfugiés, ce sont les paysans qui souffrent le plus).

Les viols sont-ils commis sur ordre ? Certains témoignages le laissent clairement entendre, mais il est impossible de répondre encore à cette question. En tout cas, ils sont exécutés au sein du dipositif militaire, policier et administratif de l'agression victorieuse et s'inscrivent à l'intérieur des pratiques de tortures et de crimes effectués lors du nettoyage ethnique qui, lui, est le fruit d'un programme explicite. Parmi ces viols, il y a de nombreux viols de guerre « classiques ». Une phrase souvent entendue de la part de femmes réfugiées concernant la présence des groupes militaires et plus souvent paramilitaires dans leurs villages est : « Ils pouvaient tout faire, alors[15]... » Ce « pouvoir tout faire » offre une définition de l'impunité (même provisoire) que procure toujours la position de supériorité dans un rapport de forces, qu'elle soit physique et militaire ou politique. Dans ce vertige du « tout », on trouve le viol, les tortures, les massacres.

Deuxième situation de viols commis massivement : dans les régions où, comme à Banja Luka, le changement de pouvoir s'est effectué sans l'armée et où la purification ethnique a été mise en place institutionnellement, sont nombreux les viols commis chez l'habitant par des groupes masqués (où sont mêlés miliciens, voisins et autres « tchetniks du week-end » comme les appellent les jeunes de Belgrade). À la terreur nocturne exercée à l'encontre des non-Serbes (catholiques croates ou bosniaques, musulmans, juifs sépharades, uniates, etc.) et des Serbes d'opposition s'ajoute une stigmatisation juridique et administrative diurne : interdiction de conduire des véhicules motorisés, d'exercer son métier, de se baigner dans la rivière d'à côté, obligation d'effectuer un travail forcé non rémunéré, etc., prises à l'encontre des non-Serbes par le pouvoir mis en place à partir du printemps 1992. Les viols ont lieu la nuit, et un observateur étranger présent dans cette région nous a parlé de la peur des parents bosniaques qui voient grandir et embellir leur petite fille... Les viols ici sont liés au vol et pratiqués par ceux qui acceptent de collaborer avec le pouvoir. Les voisins, les collègues qui désirent la maison et la fille peuvent dans ce type de régime réaliser ces désirs en toute impunité, mais plutôt la nuit et masqués. Les populations non serbes ont été massivement chassées de la région de Banja Luka (elles sont tombées de 40 %, parfois même de 80 %, à moins de 3 %...).

L'usage politique de la cruauté produit de la terreur et la terreur arrache le consentement. Un jour, par peur de brûler dans sa maison, de voir ses enfants ou sa vieille mère violés, la décision de partir est prise, et là commence un autre calvaire qui, au mieux, se termine dans un dénuement absolu au milieu d'un camp de réfugiés. Parfois, avant le départ, une femme prend le soin de faire toute la nuit son dernier ménage à fond, pour bien montrer que, ici, vivaient des gens corrects. Une femme seule, mère de sept enfants, n'a pas pu partir ni protéger ses enfants et elle-même de viols collectifs et répétés [16]. Ces viols sont liés à l'impunité, qui ne joue pas qu'un rôle de contexte juridique passif, mais aussi de véritable stimulant de l'action et de l'imagination criminelles, contenues dans l'expression « ils peuvent tout faire ». Ils doivent être reliés davantage à cette impunité plus qu'aux « pulsions » sexuelles. L'âge des femmes violées va de la petite enfance à la vieillesse [17].

La troisième situation dans laquelle s'accomplissent des viols suppose davantage que l'impunité flagrante, assortie d'un soutien implicite venu des autorités militaires ou politiques (condition d'une gestion minimale) : elle implique une véritable organisation, celle qu'ont mise en place les camps de détention concentrationnaire dénoncés par Roy Gutman en août 1992 [18]. Les viols ont eu lieu soit dans des centres de détention concentrationnaire mixtes, soit dans des lieux où seules les femmes étaient enfermées. Les grossesses forcées sont citées dans ce contexte d'enfermement : « Dans un certain nombre de camps où les femmes étaient retenues prisonnières pour être violées jour après jour, les violeurs n'ont pas hésité à dire que leur but était de féconder ces femmes afin qu'elles accouchent d'un petit Serbe. Les femmes étaient retenues dans les camps jusqu'à ce que leur grossesse soit trop avancée pour permettre un avortement. Si jamais elles ne se trouvaient pas enceintes, un examen — auquel se prêtaient les médecins — était ordonné pour vérifier qu'elles ne portaient pas de diaphragme ; si ce n'était pas le cas, une enquête avait lieu, y compris parmi les violeurs, pour savoir si elles n'avaient pas pu se procurer des préservatifs [19]. » De nombreux témoignages parlent aussi de femmes tuées au cours de ces séjours ; parfois le jeune violeur n'avait jamais eu d'expériences sexuelles avant ce viol obligé — ce qui, à notre avis, fait aussi de lui une victime. Les mères avec enfants ont particulièrement souffert. Le cas d'une jeune fille qui s'est suicidée en se fracassant la tête contre un char donne la mesure de certaines souffrances. Ces viols sont ici commis « systématiquement » et le critère de ce systématisme est leur inscription dans un cadre géographique et idéologique. La propagande de guerre à Belgrade s'est largement servie de la menace que faisait peser sur la démographie purement serbe la reproduction excessive des Albanais du Kosovo ou des musulmans bosniaques. Il s'agit ici de la « peste blanche », ce génocide à bas bruit produit par « l'impérialisme du lit » des descendants des « Turcs »[20] qui conduirait le peuple serbe à la disparition silencieuse, dévoré « ethniquement » au fil des générations. Ce thème est aussi présent dans les livres de Dobrica Cosic (par exemple dans son roman *Racines*), véritable inspirateur du renouveau nationaliste serbe (rédacteur du *Mémorandum de l'Académie des sciences de Belgrade*[21] diffusé en 1986, qui marque le changement de ligne du parti en faveur du nationalisme serbe), et allié de Milosevic avant son éviction en 1993. L'investissement politique de la fonction reproductrice liée à la hantise d'une dénatalité nationale est le fait des régimes totalitaires. La problématique des viols participe de cet imaginaire commun qui rend insupportables l'idée d'une baisse démographique ou celle de l'adultère féminin : ce dernier « mélange les sangs » et permet l'invasion identitaire de l'autre « ethnique » (ou racial), à condition de considérer comme acquise la responsabilité masculine dans la transmission de l'identité collective. La question de la culture du soldat ou du milicien devra être étudiée par les sociologues : sur le terrain, on constate que le choix d'insignes particuliers, de tatouages, de boucles d'oreilles, de goûts (la musique « hard rock », les films américains style Rambo, les objets liés au monde de la « vidéo », volés de préférence, etc.), démontre que l'idéologie nationaliste virile et « ethnique » est syncrétique et se nourrit de productions culturelles contemporaines diffusées dans le monde entier. Il n'est pas exact sociologiquement de penser les renouveaux identitaires populistes de cette fin de siècle comme un pur resurgissement des « archaïsmes » : le jeune milicien qui accepte de violer systématiquement partage le mode de vie urbanisé et la sous-culture de la modernité internationale. Les progrès du féminisme au plan du droit ne semblent pas contredire le prestige des virilités syncrétiques qui se déploient sur les écrans du monde entier.

Deux aspects peuvent être distingués dans l'ensemble de ces viols : ils sont inscrits dans le contexte d'extrême cruauté des tortures pratiquées contre les personnes du nettoyage ethnique. Ils peuvent être définis comme des tortures sexuelles s'exerçant à l'encontre d'un ennemi plutôt féminin (mais aussi masculin) et la souffrance morale est partagée par tous les membres d'une même famille ou communauté dans les cas où les uns sont forcés d'assister à ce qui est fait aux autres. La logique semble être ici la recherche de la douleur de la victime, dont la mort serait trop douce, comparée à la défiguration de ce à quoi il tient le plus. Le viol alors relève de la profanation, et la purification ethnique consiste autant à labourer les cimetières de l'ennemi qu'à pratiquer les tortures sexuelles et la démolition des mosquées et des bibliothèques. Car la cible du nettoyage est non seulement la présence physique de l'autre, mais aussi son identité culturelle collective, ses valeurs. Tel est le second aspect de ces viols, ainsi pratiqués non seulement dans l'impunité d'une situation de guerre en tant que torture, mais aussi comme moyen de la purification « ethnique » et du génocide, le mot gène ici devant être pris à la lettre : tout un système de croyance investit de sens le crime contre la filiation et la matrice.

Le nettoyage ethnique s'adresse au passé en rasant les cimetières et à l'avenir qu'il veut envahir avec le viol et la grossesse forcée : le violeur se bat sur le terrain du futur, il est donc soldat et non criminel. En prenant la place des hommes de la famille ennemie qu'il a souvent égorgés, le violeur commet une sorte de tentative génocidaire économique *qui ne prend pas comme moyen l'extermination totale de l'ennemi collectif mais l'effacement de sa naissance dans la matrice des femmes*. Paradoxalement, le viol, qui veut posséder l'avenir de l'autre en germe au moment de la fécondation, tente aussi l'effacement de son passé, puisque ce germe du futur contient les « racines » identitaires du groupe : le viol veut refaire l'autre, le recommencer à son origine, dans le ventre de sa mère. Après la chute de l'admirable petite ville historique de Vukovar, le 16 novembre 1991, les nouvelles autorités ultra-nationalistes de la ville avaient naïvement déclaré : « Nous reconstruirons Vukovar dans un style serbo-byzantin plus ancien qu'avant ! »

Conclusion

L'originalité du conflit en ex-Yougoslavie dont la phase armée déchire ce pays depuis 1991 tient à son *traitement informatif* (politique, diplomatique, juridique) effectué par des instances extérieures diversifiées *pendant qu'il se déroule*. De nombreux regards (y compris ceux des parties en présence) observent des événements qui sont en train de se produire et y cherchent un sens encore inachevé. Rarement, sans doute, un conflit aura été autant surveillé, y compris par les satellites, et rarement les victimes auront été si peu entendues. Le combat des différentes versions « historiques » est contemporain d'un événement en train de se produire. Pourtant, ce qui s'y est passé a déjà changé la perception de notre contemporanéité politique. La blessure des guerres déchire aussi les regards extérieurs : la question classique en sciences sociales de la violence politique interroge à nouveau les chercheurs, comme en témoigne le nombre de publications et de colloques sur ce thème en France depuis quelques années, comme si une tragédie politique était aussi un échec des sciences sociales. Mais le rapport entre différence des sexes et violence politique doit également être repensé.

Les femmes en politique sont nombreuses à être partie prenante dans la renaissance du nationalisme populiste militant d'extrême droite aussi bien en France qu'à Belgrade. En tant qu'éducatrices, elles participent alors de systèmes de croyances qui les dévalorisent et qui valorisent ensemble violence et virilité par exemple. Elles ne sont pas, en ce sens, du côté des seules victimes de la violence de guerre. Mais, sur le terrain, elles sont absentes des groupes militaires ou paramilitaires qui mettent en œuvre le nettoyage ethnique, encore que l'on y rencontre des personnages féminins associés[22], il n'en reste pas moins que les femmes sont massivement du côté des victimes. Lorsqu'une armée prend pour cible les populations civiles, le féminin est dans la ligne de mire. Un féminin nécessairement perçu dans sa différence classique, un corps non armé mais entouré des vieux et des petits, chassé de son espace familial. Car les viols systématiques, c'est-à-dire assez signifiants pour être produits systématiquement puisque légitimés en tant qu'action guerrière, prennent pour objet le lien de filiation généalogique — perçu imaginairement *comme situé dans le ventre des femmes mais noué entre le père et le fils* dans la culture du guerrier moderne —, et donc comme cible l'union familiale, puis celle d'une communauté tout entière, perçue comme une grande famille : le viol comme action de guerre implique que le politique soit rabattu sur le familial dans sa définition. Ce système de croyances est-il désuet ou, au contraire, est-il revisité avec succès par le travail sémantique des propagandes de guerre contemporaines ?

La pratique des viols systématiques est-elle un signe que de vieilles valeurs guerrières et brutales resurgissent parfois (ici la topique volcanique de la notion de soupape est souvent utilisée) ? En fait, il faut interroger la tendance de tout groupe à préférer *un ennemi inscrit dans une filiation, fils du même, quel que soit l'argument de la haine* — même l'injure de « bourgeois » ne désigne en vérité que le fils de bourgeois, et le bourgeois parvenu reste fils de « prolo » —, ce qui oblige à inscrire dans le cercle des objets haïs ce lien de filiation *donc son lieu, à savoir le féminin défini en fonction de son stéréotype majeur, c'est-à-dire de son rôle sexuel.* La plus grande visibilité contemporaine des viols dans les pratiques de répression militaire et politique est liée à la définition ethnicisée de l'ennemi à nettoyer là où il se reproduit. L'ethnogenèse politique d'une classe d'ennemis produit la légitimation du recours au viol au cours du « nettoyage ». Par « ethnogenèse », nous désignons toute construction d'un groupe uni implicitement par les « liens du sang », quelles que soient l'étiquette de ce groupe et la réelle origine ethnique des membres ; lorsque Staline assassine toute la famille de son ennemi politique, il pratique cette extension de la définition de l'ennemi non seulement à ses alliés, mais à ses consanguins.

Les « haines ancestrales » ne sont pas la cause des « cruautés », donc des viols, ni en ex-Yougoslavie[23] ni au Rwanda, il s'agit plutôt du contraire : la cruauté des pratiques (dont le viol) est liée à la reconstruction de l'ennemi collectif, c'est-à-dire à son ethnogenèse. Il y a toujours dans une société assez de clivages, de différences d'âges, de religions, de milieux, de nationalités, etc., pour servir de support aux constructions d'objets de haine, en France comme en Yougoslavie, et les haines croisées tissent en temps de paix le lien social. Leur multiplicité contradictoire est une garantie de la démocratie. Mais parfois, un seul ennemi collectif devient le bon objet de la haine collective, désigné par la circulation des récits de ses différences, puis de ses cruautés imputées : il devient « les autres », et menace « les nôtres », et la ligne de démarcation se creuse. L'espace des conversations est alors le terreau de cette construction de la figure de l'ennemi, espace mixte où les femmes sont présentes. Il s'agit d'une figure collective (« peuple », « race », « ethnie » et même, lorsque ces termes cités deviennent désuets, « culture »), définie par ses liens généalogiques. En ex-Yougoslavie, les mariages mixtes étaient nombreux ; quelqu'un de la jeune génération ne savait pas si son ami était sépharade, serbe, croate, tzigane, musulman ou « chou-fleur » — réponse des enfants de mariages mixtes aux demandes de l'administration de se définir « nationalement ». En 1974, les recensements de Tito ont fait apparaître la nationalité de Musulman avec un M majuscule pour désigner les populations bosniaques qui ne se définissaient ni « serbes » ni « croates » ; ils peuvent être athées mais appartiennent à cette aire géographique marquée par la présence historique de la domination ottomane (« musulman » désigne les pratiquants). Ces choix de « nationalités » n'avaient souvent rien d'« ethnique », tous étant des Slaves du Sud, mais relevaient d'exigences politiques et administratives liées aussi à la présence du parti unique[24]. Les haines croisées et multiples peuvent toujours être reconstruites sous forme de « haines ancestrales » et la mémoire historique est alors requise pour fonder cette instrumentalisation d'un clivage différenciateur religieux, « ethnique », etc., dans une production politique d'« ethnogenèses ». Ces dernières n'ont que peu et parfois rien à voir avec les réalités démographiques et sociologiques dont elles vont caricaturer un aspect. De toute manière, le problème n'est pas là, puisque les haines collectives sont toujours des constructions sémantiques ; mais en dépit de leur artificialité, elles tirent leur consistance politique de la séduction sociologique de l'idée de menace qui se nourrit de récits de cruautés.

Plus l'ennemi est artificiellement défini, plus la mobilisation des mémoires historiques est mythologique, et plus la cruauté devient l'instrument d'inscription dans le réel social des fausses catégories du politique. Dans certaines conditions (comme l'instauration d'un régime fasciste par exemple), la définition officielle de l'ennemi change de registre en s'inscrivant dans une filiation historique naturalisée, c'est-à-dire passant par le lien généalogique. L'usage politique des tortures sexuelles est directement lié à ce changement de registre (parfois peu visible) dans le mode de fabrication contemporain des catégories identitaires collectives.

NOTES

1. Le décompte des réfugiés a été établi au fur et à mesure par le HCR (Haut Commissariat pour les réfugiés) ; selon les mois, entre 2 et 4 millions de personnes ont été chassées de chez elles par la guerre dont 1 million directement du fait de l'épuration ethnique. Environ 500 000 réfugiés ont été accueillis en Allemagne dès 1991-1992, 700 000 environ (déplacés et réfugiés) en Croatie, au moins 300 000 en Autriche (environ 50 000 en France).

2. L'équipe psychiatrique de l'hôpital Kosevo de Sarajevo nous a confirmé l'absence de visites efficaces (liées à des projets professionnels cohérents) venues de l'extérieur pendant tout le siège alors qu'il fut relativement moins hermétique à Sarajevo que pour d'autres enclaves.

3. Voir par exemple G.-M. Chenu, « Les hommes en blanc ou l'Europe

sur le chemin de la paix », *in Dernière Guerre des Balkans ?* Général Cot (dir.), L'Harmattan, 1996, pp. 85-112.

4. R. Gutman, *Bosnie, témoin d'un génocide,* Paris, Desclée de Brouwer, 1994. En France, certaines ONG ont publié leurs dossiers : Médecins du Monde, C. Boulanger, B. Jacquemart, P. Granjon, *L'Enfer yougoslave, les victimes de la guerre témoignent,* Belfond, 1994. De larges extraits de Helsinki Watch, *War Crimes in Bosnia,* 1992, 2 vol., ont été traduits dans *Le Nouvel Observateur, Le Livre noir de l'ex-Yougoslavie, purification ethnique et crimes de guerre,* éd. Arlea-Le Nouvel Observateur, 1993 (extraits de rapports d'enquêtes effectués en 1992). Voir aussi, à l'étranger, *Mass Killing and Genocide in Croatia, 1991-92. A Book of Evidence,* Hrvaska Sveicilisna Naklada, Zagreb, 1992. Velibor Colic, *Les Bosniaques,* éd. Le Serpent à plumes, 1994. La Croix-Rouge internationale a aussi publié un livre, brisant là son habitude historique de réserve : *Crimes sans châtiment,* Michelle Mercier (éd.), Bruylant, Belgique, 1994. *Vukovar Sarajevo, la guerre en ex-Yougoslavie,* V. Nahoum-Grappe (dir.) éd. Esprit, 1993. *Seasons in Hell ; Understanding Bosnia's War,* Vulliamy K. Lescure (ed.), Simon and Shuster, 1994. Voir pour les questions juridiques, K. Lescure et F. Trintignac. *Une justice internationale pour l'ex-Yougoslavie : mode d'emploi du Tribunal pénal international de La Haye,* L'Harmattan, 1994. *Le Tribunal pénal international,* colloque d'ICE, ENS, 1995, éd. ICE. Voir aussi N. Cigar, *Genocide in Bosnia, the Policy of Ethnic Cleansing,* Texas, A & M University Press, 1995, ainsi que la publication de l'Institute for the Search of Crimes against Humanity and International Law, *The Aggression on Bosnia and Genocide against Bosniacs,* Smail Ceric, Sarajevo, 1995. Lorsque la guerre aura vraiment cessé, de nombreux écrits cruciaux (historiques, juridiques et littéraires) venus des ex-Yougoslaves eux-mêmes pourront être traduits.

5. L'Unesco a signé un dossier récent et synthétique (1995) sur ce thème précis, ainsi que Chérif Bassiouni, *Sexual Violence an Invisible Weapon of War in the Former Yougoslavia* (International Human Rights Law Institute, De Paul University College of Law 1996, en cours de publication en France). Le premier ouvrage de synthèse sur les viols est le collectif édité par A. Stiglmayer, *Mass Rape, The War against Women in Bosnia-Herzegovina,* University of Nebraska Press, Lincoln and London, à partir d'enquêtes menées en Allemagne auprès de victimes en 1993 par A. Stiglmayer.

6. Voir C. Barrois, *Les Névroses traumatiques, le psychothérapeute face aux détresses des chocs psychiques,* Dunod, 1988 ; l'édition capitale en 1993 de l'*International Handbook of Traumatic Stress Syndromes,* P. Wilson et B. Raphael (ed.), Blenum Press, New York, Londres, tient compte de l'évolution de la nosographie, liée au changement de type de patients (femmes, enfants).

7. Les femmes forment la plus grande partie des réfugiés et sont amenées à consulter les médecins souvent, pour elles ou leurs enfants. Voir Z. Separo-

vic, *Masovna Silovanja Kao Ratni Zlocin*, Documenta Croatica, Zagreb, 1993 ; *Psycho-Social Help to War Victims : Women Refugees and their Families from Bosnia-Herzegovinia and Croatia*, L.T. Arcel, V. Folnegovic-Smalc, D. Kozaric-Kovacic, A. Marusic (ed.), International Rehabilitation Council for Torture Victims, Zagreb, 1995. En France, C. Bonnet a effectué plusieurs enquêtes en tant que psychiatre-psychanalyste sur les viols en ex-Yougoslavie et au Rwanda ; un article récapitulatif, *Usage politique des violences sexuelles, le nettoyage ethnique (ex-Yougoslavie 1991-95)*, V. Nahoum-Grappe (dir.), éd. E. Carvhalo, à paraître en 1997, Paris.

8. Expression d'un soldat serbe, selon le témoignage d'une réfugiée bosniaque (dossier auquel nous avons eu accès à la fin de l'année 1993).

9. Voir, par exemple, S. Audouin-Rouzeau, *L'Enfant de l'ennemi, 1914-1918*, Paris, Aubier, 1995.

10. Voir *Les Médias de la haine, le rôle des médias en ex-Yougoslavie et au Rwanda*, Paris, éd. Reporter sans Frontières, 1994. Voir les travaux de C. Vidal sur le Rwanda, *Sociologie des passions, Côte-d'Ivoire, Rwanda*, Paris, Karthala, 1991. Voir aussi ses articles importants régulièrement parus dans *Les Temps modernes* (entre autres) depuis le génocide.

11. F. Héritier, *Masculin/féminin, anthropologie d'une différence*, Paris, Odile Jacob, 1996.

12. La comptabilité changeante est tenue par le HCR : les personnes *déplacées* le sont à l'intérieur de leur propre pays, les *réfugiés* sont contraints à s'expatrier. Les choix de départ peuvent précéder le conflit sur le terrain ou en résulter ; le dossier de la CIA rendu public en 1995 et déposé en partie au TPI de La Haye fait état d'un million de Bosniaques chassés directement par la purification ethnique ultra-nationaliste serbe.

13. Z. Papic, universitaire opposant de Belgrade, avance le chiffre de trois cent soixante mille morts environ pour tout l'espace yougoslave. D'autre part, au cours de l'hiver 1994, une liste nominative de cent quarante-trois mille morts bosniaques avérés a pu être établie par la Commission des crimes de guerre bosniaque ; ce chiffre a dû être revu à la hausse en 1996.

14. Toutes ces informations sont issues de données précises recueillies par l'auteur au cours d'une enquête sur le terrain menée depuis 1992 dans les camps de réfugiés et en liaison avec une des équipes psychiatriques qui travaillaient à plein temps avec les réfugiés, essentiellement, mais pas seulement, des femmes.

15. Il s'agit ici de témoignages recueillis par l'auteur en 1993 concernant l'occupation par les troupes paramilitaires (les « aigles blancs » de Seselj et les « tigres » d'Arkan sont les plus cités) de villages situés dans la région d'Ilok pendant la guerre en Croatie en 1991.

16. Dossier non publié, constitué par un observateur mandaté par une organisation internationale, région de Banja Luka, 1993, consulté par l'auteur.

17. Une vieille femme bosniaque de 102 ans dans la région de Banja Luka a été martyrisée, mais le dossier (Croix-Rouge internationale, 1993) ne fai-

DE LA VIOLENCE ET DES FEMMES

sait pas état clairement d'un viol (information donnée par le CICR) :
« 30 août 1993... À Banja Luka, le nettoyage ethnique continue. Confirmation d'un acte barbare commis à l'encontre d'une aïeule de 102 ans, dont
les membres ont été brisés », *in Crimes sans châtiment, l'action humanitaire
en ex-Yougoslavie 1991-1993, op. cit.,* p. 226.

18. *Newsday*, 2 août 1992 ; reproduit dans R. Gutman, *Témoin d'un génocide, op. cit.* Dans ces camps où les prisonniers sont incarcérés sans procès,
les tortures sont systématiques, les massacres aléatoires et la famine perma-
nente. Leur localisation est hétérogène : une ancienne mine ici, une école
là, une usine ailleurs. Certains villages sont aussi devenus des prisons-ghet-
tos où les habitants ont été affamés.

19. Rapport Unesco, *Le Viol comme arme de guerre*, décision 141 EX/9.3
du conseil exécutif et de la résolution 11.1-11.6 de la 27ᵉ conférence générale, 1995, p. 11.

20. Voir l'article de M. Kullashi, « La Yougoslavie et le viol de l'histoire
serbe », à paraître dans *Usage politique des violences sexuelles, ex-Yougoslavie 1991-1995.* Les mouvements féministes de Belgrade avaient été
approchés par le parti de Milosevic, sur le thème : « Vous, les femmes
serbes, vous devez faire plein d'enfants. » Notre informatrice avait répondu :
« Oui, mais avec des hommes de couleurs différentes. » (Information
recueillie en 1993.)

21. Document collectif diffusé sous le manteau à Belgrade en 1986 et
rédigé par un groupe autour de Dobrica Cosic, le grand romancier et allié
provisoire de Milosevic. La première partie de ce document offre une analyse complexe (dans le style rhétorique du parti) de l'échec de Tito, la
seconde partie est axée sur la menace de génocide que les Albanais du
Kosovo feraient peser sur les Serbes du Kosovo. Ce document marque le
tournant dans le choix de la nouvelle ligne officielle.

22. Les témoignages citent des figures féminines dans les personnels.

23. Les travaux sur la guerre dans la Yougoslavie de cette fin de siècle
sont nombreux, nous ne pouvons ici en faire état. On peut néanmoins citer :
I. Banac, *The National Question in Yougoslavia, Origins, History, Politics*,
1984, Cornell University Press, Ithaca-Londres. Cet ouvrage de base est sans
cesse réédité, mais non traduit en français. P. Garde, *Vie et mort de la
Yougoslavie*, Paris, Fayard, 1992. J. Krulic, *Histoire de la Yougoslavie de
1945 à nos jours*, éd. Complexes, Bruxelles, 1993. M. Roux, *Les Albanais
en Yougoslavie. Minorité nationale, territoire et développement*, Paris, éd.
MSH, 1992. J. Rupnik, *De Sarajevo à Sarajevo*, éd. Complexes, Bruxelles,
1992. Plus récemment, voir aussi l'excellente mise au point de H. Stark,
« Histoire immédiate de la guerre yougoslave », *in Dernière Guerre balkanique ? Ex-Yougoslavie. Témoignages, analyses, perspectives*, J. Cot (dir.),
L'Harmattan, 1996, pp. 19-47.

24. Les nombreux travaux de J.-F. Gossiaud, anthropologue, et de
C. Samary, économiste, sont ici significatifs et rendent compte de « l'ethnogenèse » de catégorie purement administrative et politique.

POST-SCRIPTUM

GENEVIÈVE FRAISSE

Sous le regard misogyne de Strindberg, la figure de Nora

Nora est l'héroïne d'Ibsen, une image symbolique de la révolte féministe du XIXᵉ siècle. Nora quitte son mari pour ne pas perdre son âme, sa dignité. Nora est, en revanche, l'incarnation du mal féminin pour Strindberg, celle qui tourmente l'homme de ses vaines exigences. Qui fait violence à qui ? Question essentielle à la lecture de la misogynie, surtout lorsqu'elle se redouble de la modernité du débat sur l'égalité des sexes.

Si la guerre des sexes existe, les rôles se partagent entre deux belligérants, l'homme et la femme. L'homme dominateur et la femme récriminatrice ne sauraient être dénoncés l'un sans l'autre. Entre le conflit et le malentendu, se glisse la relation entre un homme et une femme ; mal entendre est la cause de mal s'entendre. La vraie Nora, celle dont s'est inspiré Ibsen, Laura Kieler, emprunte secrètement de l'argent pour sauver son mari professeur ; le divorce naît de cette discordance. Mais qui a fait violence à qui ? La réponse est délicate.

Si la guerre des sexes est une image pertinente, l'amour lui-même le dit avec son langage de conquête et de défaite. La guerre est métaphore de l'échange entre les sexes, la guerre et l'amour se frôlent ; « à l'amour comme à la guerre », dit-on, mais « faites l'amour, pas la guerre », entend-on également. Alors la guerre et la paix tissent la relation entre hommes et femmes, individuellement et collectivement.

Comment faire alors pour dépasser ce simple constat ? Tenter de comprendre comment s'articulent les violences respectives et réciproques entre les sexes. D'abord remarquer qu'il y a de l'incompréhensible dans le constat de la violence, de l'inouï et de l'incroyable. Et pourtant, et là se situe le texte ci-dessous, la raison habite la violence et l'argument organise la violence. Il est donc possible de « lire » la violence, c'est-à-dire de reconstruire la logique qui préside à son expression. Alors cette lecture peut ouvrir à l'analyse de la violence entre les sexes, précisément à son historicité[1]. La violence ne va pas sans discours car elle n'est pas un fait de nature. Reconnaître sa modulation historique implique qu'il faille penser la différence des sexes au-delà de son empiricité habituellement reconnue. Démonter le mécanisme verbal de la violence n'empêchera pas de la dénoncer ; mais en revanche, la violence sera attribuée à celui qui l'énonce, à l'un ou à l'autre des sujets, femme ou homme. Alors il apparaît que la guerre des sexes n'est pas plus immémoriale que définitive ; elle est simplement historique ; avec des gagnants et des perdants.

Penser qu'on peut lire la misogynie, serait-ce l'entendre, supporter de l'entendre, ou la comprendre, y trouver un sens acceptable ? Lire la misogynie d'un philosophe ou d'un écrivain, est-ce essayer l'impossible, rendre raison à l'irraisonnable, ou accepter que le préjugé, la grossièreté soient les choses du monde les mieux partagées ?

Rien de tout cela. Lire la misogynie écrite, formulée en phrases au-delà de l'invective, de l'injure, du jugement hâtif et plein de souffrances contenues, c'est donner un contexte : non pas l'histoire de l'époque, les circonstances, mais au sens propre le texte qui va avec, la logique qui sous-tend l'écrit passionnel.

Que l'espace des passions soit un lieu d'intelligence pour analyser l'histoire de la relation entre les sexes semble une évidence ; que cette intelligence des passions mette en lumière des enjeux entre hommes et femmes où l'amour croise la politique, telle est l'hypothèse de ce texte. Ou, dit autrement : écrire et lire la différence des sexes s'inscrit, quoi qu'on en dise, dans une histoire philosophique et politique.

On aime en général expliquer la misogynie plutôt que la lire ; on aime lui trouver une cause, une origine psychologique notamment : un événement, un trauma dans l'enfance, la relation à la mère, absente, mauvaise, perdue. Or, cette recherche de la cause a pour fonction précisément d'enlever du sens, d'annuler le dire. C'est pourquoi je préfère, pour le moment, réserver la question de l'événement traumatique, le recours à l'enfance de l'écrivain. Plus tard, il faudra y revenir. Maintenant, j'en reste à la logique et au contexte. Je le fais d'autant plus aisément pour Strindberg que je m'appuierai ici sur la lecture de ses œuvres autobiographiques justement, quelque deux mille pages et plus, où l'on verra que l'autobiographique se fait l'écho d'une histoire singulière comme d'un monde tout en entier ; comme dans *Le Plaidoyer d'un fou*, récit ô combien précis de la « guerre des sexes », où il s'explique, en même temps qu'il explique son différend avec les femmes. Puisqu'il plaide, c'est bien parce qu'on est dans une procédure dont il faut donner aujourd'hui les arguments.

On représente toujours la misogynie comme un invariant, un élément incontournable et immuable de la relation entre les sexes. Certes, cette évidence de la vie quotidienne est répétée et répétitive ; mais elle est également une forme épisodique de la vie littéraire et intellectuelle. Disons, une forme variable, dans ses excès visibles comme dans ses accalmies apparentes. Que la fin du XIXᵉ siècle soit un de ces moments d'excès n'est un mystère pour personne. Peut-être en dirait-on autant de la fin du XVIIᵉ siècle. Mais à chaque fois les enjeux ne sont pas les mêmes : si Molière dispute de l'excellence et de l'intelligence comparées de l'homme et de la femme, Strindberg discute le statut d'esclave que la femme s'octroie à la place de l'homme. La différence des sexes traverse l'histoire.

Ce débat sur l'identité de la victime surgit évidemment de l'actualité féministe de ce siècle qui précisément lui donne naissance. La misogynie est, bien entendu, une réaction à l'émancipation des femmes. Oui, mais l'explication politique s'avère partielle ; elle croise, on s'en aperçoit vite, le registre du métaphysique, et telle est la singularité de Strindberg. Que le politique et le métaphysique se mêlent en une réflexion sur les femmes ouvre une large perspective dans un siècle où, pour reprendre à ma façon l'expression de Michel Foucault, le sexe devient « enjeu de vérité ». Enjeu de vérité puisqu'il faut redéfinir la différence des sexes dans l'espace public démocratique, enjeu de vérité car la femme prend place entre l'homme et Dieu dans le déclin de la métaphysique. Liant ce double enjeu de vérité, le politique et le métaphysique, l'originalité de Strindberg est évidente.

Que Strindberg soit misogyne, il est le premier à le dire, ou plutôt à le reconnaître, à dire qu'ainsi il est qualifié « à tort et à raison[2] ». À tort, compte tenu de son intérêt pour les femmes : « Si Johan avait eu des dispositions pour devenir misogyne, il n'aurait bien entendu plus jamais regardé une femme et il aurait maudit le sexe tout entier, mais il avait le culte de la femme dans le sang et il en chercha immédiatement une autre[3]. » August Strindberg aime les femmes, mais considère leur désir d'émancipation comme « une vaste blague » : « Je n'en deviens pas dupe et par conséquence je suis marqué de l'estampille de misogyne[4]. » Il aime les femmes mais n'aime pas le féminisme · ne devrait-on pas dire alors qu'il est antiféministe, plutôt que misogyne ? Difficile souvent de dissocier la haine des femmes du refus de l'égalité des sexes ; difficile chez August Strindberg, habile à jouer de son « estampille », de distinguer les deux, car son amour des femmes vaut bien sa haine, et son goût des femmes indépendantes son refus de l'émancipation.

L'émancipation des femmes est une blague car Strindberg doute de l'oppression des femmes, de leur « esclavage » ; se voyant lui-même plus victime que bourreau, plus esclave que maître. Il n'est pas « dupe » de « la monomanie de voir partout des femmes asservies[5] ». « Le fils de la servante » vise évidemment les femmes de la classe supérieure, plus oisives que bien d'autres, et qu'il décrit tyranniques à l'égard des maris, travailleurs et responsables de la famille. « Il n'a pas le droit de se plaindre, mais elle a le droit de gémir tout son saoul[6] ! » : n'est-ce pas là une injustice ?

En revanche, la femme « indépendante » l'attire, et la personnalité de ses femmes successives le prouve. Ainsi aime-t-il la liberté des femmes dans un « mariage moderne », une vie de « camarades [7] » loin de tout esclavage pour l'homme comme pour la femme ; ainsi n'est-il pas hostile à leur existence sociale, leur réalisation personnelle, même si une tension inéluctable s'ensuit. L'intelligence des femmes encore l'intéresse ; bref, beaucoup de choses que recherchent les féministes. Contradiction ? Non, cette recherche d'un commerce exigeant avec les femmes (si proche de certaines notations nietzschéennes [8]) n'exclut pas un regard négatif sur l'émancipation des femmes en général, sur le désordre, les discordances d'une époque occupée à redéfinir les places et les rôles entre les sexes. On imagine alors sa difficulté à lier ses relations amoureuses et le contenu de ses écrits. Dans *Le Plaidoyer d'un fou*, il se félicite que sa première femme ne lise pas ses écrits peu aimables à l'égard des femmes ; dans *L'Abbaye*, il se dit perdu, du jour où sa seconde femme tombe sur le récit de son premier mariage, illustré de thèses antiféministes [9]. Il est vrai que Strindberg n'a pas choisi la facilité en voulant aimer les femmes tout en les haïssant. Le misogyne traditionnel, tel Schopenhauer, se garde bien d'avoir un commerce trop intime avec elles.

L'affaire politique

La prolixité de Strindberg autoriserait de longs développements tant ses notations sur son temps sont nombreuses et fines. J'ai conscience d'être réductrice en choisissant quatre thèmes, quatre expressions des contradictions, à ses yeux, de l'époque : celui des priorités des libérations, des travailleurs ou de la femme, celui du marché du travail, ouvert à l'homme ou aux deux sexes, celui de l'identité sexuelle face à « la cause des asexués », celui de la maternité opposée à l'identité nouvelle des femmes.

« Il n'arrivait à distinguer aucune possibilité pour une véritable libération de la femme dans l'ancienne société [10] » : de là toute la difficulté à vouloir l'émancipation des femmes dans la

« vieille société patriarcale [11] ». Mais quelle émancipation ? On a du mal à savoir. En revanche, sa perspicacité à voir les tensions entre le socialisme et le féminisme est manifeste, sa volonté de s'interroger sur l'articulation des différentes demandes d'émancipation également. Le curieux de sa position cependant est qu'il se fâche avec les socialistes alors qu'il leur donne raison sur la priorité du socialisme sur le féminisme. Mais il est évident qu'en y ajoutant une critique des femmes, c'est lui qui mélange tout : « Et très curieusement, les socialistes, auxquels il avait donné un bon coup de main, puisque toute la première partie de *Mariés* n'a qu'un seul but : forcer tous ceux qui sont mécontents de la société à rejoindre le socialisme, et qu'elle propose à la femme une seule alternative : le socialisme ou pas de liberté, les socialistes l'attaquèrent par-derrière, le désavouèrent et jetèrent au rebut un combattant alors très vigoureux, uniquement parce qu'il n'était pas poli avec ces dames [12]. » Il mélange l'analyse de la liberté des femmes et son regard passionnel sur elles ; et surtout il ne sait quoi imaginer comme avenir de liberté. Il voudrait penser en termes d'utopie mais la vue du Familistère de Guise ne lui donne qu'une image contradictoire : les femmes délivrées du souci domestique ne trouvent pas de travail et s'ennuient ; de plus, leur pouvoir obtenu par le droit de vote menace les hommes [13]. L'invention d'un nouvel équilibre semble bien loin !

Une des causes de tant de discordance est « le marché du travail », deuxième thème délicat. Si cesse, en effet, la répartition entre l'homme chargé d'entretenir sa famille et la femme vouée à sa tâche spécifique, si la femme souhaite travailler et gagner sa vie, alors il faut repenser les devoirs de l'homme. Sinon, il devient l'esclave domestique, prisonnier d'une situation économique et juridique instable et déséquilibrée par le désir de liberté des femmes : « Si la femme devait pénétrer sur le terrain de l'homme, il fallait que l'homme soit dispensé du devoir d'entretenir une famille et que des recherches de paternité soient interdites [14]. » Par-delà le devoir de nourrir sa famille se profile l'autre devoir, tant réclamé par les féministes du XIXe siècle, en France par exemple, émanant d'un droit de recherche en paternité pour les femmes ; droit enlevé par Napoléon pour protéger la propriété bourgeoise. Strindberg se débat et se perd aussi dans les contradictions d'une société : il est prêt à se défaire d'une paternité au nom d'une injustice économique (que l'homme soit seul soutien de famille) ; il dénonce en même temps l'oisiveté des femmes riches, féministes ou non, tout en disant qu'elles ne veulent travailler que pour cumuler les avantages : « Il sentait néanmoins qu'il ne pouvait être équitable que la femme pût faire concurrence à l'homme, ou plutôt l'évincer, tant que celui-ci n'aurait été au moins partiellement délivré du devoir d'entretenir la famille, puisque c'est justement à cause des obligations qui en découlent qu'il détient seul le grand marché du travail, ce n'est donc pas une concurrence qui s'instaure mais une recherche de privilèges ; c'est une course où l'un des chevaux porte cent kilos et l'autre rien. Ce n'est pas une compétition loyale, c'est de la galanterie [15]. » Ces derniers termes disent tout : ils disent l'égalité impossible, celle de deux libertés qui s'affronteraient sainement, rêve de l'utopiste Charles Fourier au début de ce même siècle...

Mais pourquoi tant de méfiance à l'égard de cette demande de partage par les femmes ? Pourquoi Strindberg ne sait-il pas, ne veut-il pas faire la part entre les excès ou les cas douteux de l'émancipation et son principe, son fondement, celui de la liberté des femmes, puisqu'il connaît ce principe et rêve parfois de l'appliquer ? Parce qu'il y a trop de distance entre la réalité, le réel si défectueux, et le principe, le rêve ? Peut-être, si l'on songe à la place de l'utopie dans sa pensée. Aussi, et c'est le troisième thème, parce que Strindberg est perdu : l'émancipation des femmes masque en fait « la cause des asexués ».

« La cause des asexués » se comprend d'abord simplement : la femme qui veut faire l'homme perd son sexe, perd tout sexe. Lieu commun du XIXe siècle pour résister au féminisme ou pour exprimer la peur d'une confusion des sexes introduite par l'espace démocratique, identitaire et égalitaire. On imagine bien Strindberg effaré de découvrir que la différence sexuelle, les rapports sexuels, pour lui si évidents, pouvaient être mis en cause, que certaines femmes pouvaient décider de ne pas avoir d'enfants, ni même de sexualité[16]. Plus avant surgit une préoccupation philosophique importante, liée à l'évolutionnisme de l'époque : « Le fait que la différence entre les sexes se trouve de nos jours sur le point d'être effacée par quelques individus asexués laisse pressentir une dégénérescence. La race perdra de ses forces si les différences entre les sexes sont anéanties et chaque tentative de faire de la femme l'égale de l'homme ne fera qu'éloigner les sexes davantage l'un de l'autre et ce n'est qu'alors que la femme sera inférieure à l'homme[17]. » Bouger, transformer les rôles sexuels fait doublement peur : pour la relation sexuelle elle-même, mais pour l'avenir de l'humanité également. Mieux vaut reprendre le jeu de la complémentarité entre hommes et femmes, jeu aussi entre les supériorités respectives de chacun. Et l'immense supériorité des femmes, supériorité inaccessible aux hommes, est celle de la maternité. La maternité, pour Strindberg, s'admire et se vénère.

D'où le thème suivant, celui des mères. Les femmes sont toutes potentiellement des mères. *Le Plaidoyer d'un fou* est le récit d'un homme protégé par la maternité de sa femme, exposé au danger quand les « instincts de femme » reprennent le dessus : « faire surgir la mère » est une de ses obsessions[18]. D'où son incompréhension des femmes transformées en amazones ou en bas-bleus, ou des mères revendicatrices à l'intérieur d'un féminisme qu'il vit comme asexué : « C'était la cause des asexués que l'on cherchait actuellement à promouvoir et on commettait une erreur en voulant faire entrer de force les réclamations des mères parmi leurs exigences[19]. » Quelles sont ces réclamations des mères, des mères féministes ? Celle d'Ellen Key par exemple[20], qui publie un livre analysant la maternité comme une fonction sociale et non seulement comme un fait de nature, comme un élément de l'organisation de la société qui, comme tel, mérite évaluation ; annonçant les féministes du XXe siècle pour qui la maternité relève d'une division sexuelle du travail. Discours à plus d'un titre horrifiant pour Strindberg, parce qu'il fait de la maternité autre chose qu'un instinct, parce qu'il dépoétise la maternité, objet de vénération plus que d'évaluation, parce qu'il veut théoriser platement et donner du pouvoir social à la maternité : « On voit les mères se glorifier de leur maternité et vouloir la conserver comme un facteur de puissance, et de l'autre la traiter comme quelque chose de bas, qu'il conviendrait de remplacer par des examens universitaires[21]. » Cette pauvre Ellen Key justement tombe dans le panneau et perd, aux yeux de Strindberg, sur tous les tableaux : « Mademoiselle Key ne sait pas qu'il faut une bonne dose de stupidité pour obtenir un diplôme universitaire. Il y a donc fort à parier que cette licenciée ès lettres, malade d'avoir trop étudié, ne sera pas un pionnier[22] ! » Au fond, la femme, la mère n'est plus assignable à une place évidente et Strindberg se trouble. Il se trouble dans la géographie sociale, et il se trouble, comme nombre d'hommes du XIXᵉ siècle, parce qu'il croit qu'alors le sexe lui-même, la sexualité se dérobe.

L'histoire métaphysique

A-t-on le droit de se libérer des lois de la nature ? Si la libération de la femme est une révolte contre la nature, est-elle légitime ? Cette question, explicite dans la préface des *Mariés,* est philosophique, la politique n'étant finalement que la scène concrète, la mise en images sociales du problème. Nora, l'héroïne d'Ibsen de *Maison de poupée*, est la bête noire de Strindberg ; il revient incessamment sur cette pièce, ou plutôt sur cette femme et son auteur. Dans ses œuvres autobiographiques, Strindberg dénonce Nora, « le tyran domestique et la faussaire[23] », prétendue victime qui cache à peine sa pulsion matriarcale. Mais dans la préface des *Mariés*, il donne une lecture plus théorique, plus radicale du personnage. Sur fond d'une réflexion sur le droit des femmes à se libérer des lois de la nature, sur fond d'une distinction entre nature et civilisation, il cherche à comprendre si la révolte est justifiée : « Le mécontentement de la femme cultivée au sujet de la longue maternité est donc, dans une certaine mesure, naturel, et son opposition apparente à la nature est une opposition à la civilisation[24]. » Mon intérêt ici se porte sur l'opposition entre nature et civilisa-

tion, sur l'affirmation d'une nature de la femme à laquelle le
XIXᵉ siècle semble tant tenir.

Dès la fin du XVIIIᵉ siècle, et surtout après 1800, la nature des
femmes devient un leitmotiv puissant pour les assigner à un
rôle, celui de mère, et surtout à une place, privée plus que publique, domestique plus que politique. On connaît la suite, leur
exclusion de la *res publica* à la naissance de la démocratie[25].
Dans la redéfinition du lien sexuel nécessaire à l'après-Révolu-
tion française, la nature des femmes a pris une importance fonc-
tionnelle à l'intérieur d'un cadre il est vrai très ancien. La
nouveauté tient à l'opération que cette nature permet, à savoir
recréer un ailleurs à l'homme, une altérité telle que l'homme
compense ainsi la perte de la transcendance, inaugurée par la
mort du roi et la fin de la royauté, annoncée par l'achèvement
de la métaphysique. Si l'altérité de l'homme et de la femme se
renforce et se caractérise si lourdement dans les représentations
du XIXᵉ siècle, c'est pour masquer l'Autre absent, le Roi ou
Dieu. Cette hypothèse d'un déplacement du rapport de l'homme
à Dieu dans le rapport de l'homme à la femme est mienne. Ma
surprise fut qu'elle est formulée noir sur blanc dans le texte de
Strindberg, formulation de la deuxième époque, celle de la fin
du siècle : après un premier moment où la femme fut mise à la
place de Dieu, où les hommes eux-mêmes se prirent pour des
dieux. Ce temps du romantisme où la femme fut idéalisée
comme ange salvateur fut idéaliste tout court, telle est l'erreur
d'Ibsen : « Nora est un monstre romantique, un produit de la
belle conception du monde que l'on appelle l'idéalisme et qui
a voulu faire croire aux êtres humains qu'ils étaient des dieux
et que la terre était un petit ciel[26]. » Nora s'avère être un démon
plutôt qu'un ange ; mais ange ou démon, la position n'est pas
humaine. Certes, ce thème s'inscrit dans la tradition ; mais là
aussi sa fonction change : de même que la nature est l'autre de
la civilisation, l'ailleurs essentiel à l'homme, de même la place
extra-humaine de la femme est nécessaire à l'humanité de
l'homme. L'homme de la seconde moitié du XIXᵉ siècle cesse
de se prendre pour un dieu, et Prométhée a perdu de son ambi-
tion. Mais il maintient la femme au lieu de Dieu : « la religiosité

chassée, le vide se comblait et le besoin d'adorer me revint sous une forme nouvelle. Dieu était relégué et la femme faisait son apparition[27] ». « Johan demanda un jour à un jeune artiste qui était athée comment il pouvait se débrouiller sans Dieu. Le jeune homme répondit : Nous avons la femme à la place. » Et Strindberg continue, passant sans transition de la femme à la mère : « Le culte de la mère est-il donc revenu avec la doctrine de l'évolution et la nouvelle génération a-t-elle remplacé Dieu par la femme ? Dieu était l'origine la plus lointaine ; quand il a été renversé, on s'est saisi de l'origine la plus proche : la mère[28]. » Dieu, comme transcendance, est l'autre et l'ailleurs, mais il est aussi la source. Dans un monde qui commence à penser son histoire sur fond d'évolutionnisme, Dieu est origine, source. Au début du siècle, la femme représente l'autre, la nature, puis elle apparaît comme origine, mère. Alors la mère est « la véritable femme », poursuit Strindberg. Encore faudrait-il que la femme tienne son rang, sache être mère, au plus loin de toute thèse féministe : « Les jeunes ont un mépris déclaré pour la mère et à sa place ils ont hissé la forme dénaturée et stérile qu'est l'amazone — le bas-bleu ! » conclut-il. Dans cette logique d'une maternité comme source, par analogie avec l'origine divine, on comprend aussi à un autre niveau son peu d'enthousiasme pour la recherche en paternité : quand il veut « faire surgir la mère », il pense beaucoup à la « vierge-mère », vierge-mère telle qu'il aima sa première femme[29]. Où est alors la place du père ?

Nora se croit un ange mais n'est qu'un démon : la femme apporte le mal plus que le bien. En réinvestissant ce thème chrétien, Strindberg semble lucide : si la femme induit le mal parce qu'elle est traître, menteuse, elle évoque le mal également en ignorant comment se pense le juste et l'injuste, qui est coupable et qui est victime. Tandis que d'autres à la même époque, en France notamment, parlent de la « nouvelle Ève », et sans doute ont peur de l'accès des femmes à la science, Strindberg désigne moins la croqueuse de pomme que la fautive : les femmes se prennent pour des victimes et sont en fait des tyrans ; leurs fautes le prouvent. Elles sont par conséquent doublement coupables : parce qu'elles agissent mal et parce qu'elles inversent les responsabilités.

La femme a remplacé Dieu, joue le jeu de l'Autre, de l'ailleurs nature et ainsi laisse un espace de transcendance à la vie de l'homme ; la mère sort renforcée dans son image de source et d'origine. En même temps, la femme, trop simplement substitut de Dieu, ne peut rester l'ange proposé par l'idéalisme romantique. Elle est le démon et elle est la bête. Elle est le mal et elle est le sale ; la tentation et le péché ; le sexe.

Strindberg le rappelle encore dans sa dernière œuvre autobiographique, récit de son troisième amour, Harriet Bosse : la femme salit et souille ; cette femme, dont il est un temps séparé, entraîne l'âme de son ancien amant dans « les sphères de la bassesse ». « À cause de cette femme, je m'enfonce dans la boue [30] » ; et cette accusation se couvre de l'autorité de Schopenhauer. Si la femme est le mal et le sale, on suppose évidemment les souffrances incessantes de Strindberg. Et pourtant, à la fin de sa vie, avec Harriet Bosse justement, il avait cru, voulu, échapper à cette malédiction d'autant plus cruelle, sûrement, que Dieu a disparu. Le réinvestissement de ce thème chrétien a ceci d'angoissant qu'il se délie de Dieu au moment même où la femme fait fonction de pseudo-transcendance. Il n'y a aucun accord entre cette reprise de la tradition et la fonction transcendantale nouvelle. Sans doute cela explique-t-il l'évolution de Strindberg, ses tentatives de frayer le chemin d'une harmonie possible. Telle est ma lecture de son dernier amour, après qu'il se voit « réhabilité par Swedenborg [31] ».

La lecture de Swedenborg ouvre un nouvel espace, où l'opposition entre le terrestre et le céleste s'estompe au profit d'une réalité qui participe des deux mondes. Strindberg y trouve de l'apaisement et sa rencontre avec Harriet Bosse est sous ces auspices. Il lui attribue un « pouvoir de réconciliation », réconciliation avec l'humanité, avec la pensée de Dieu, avec la femme elle-même. « Me réconcilier avec la femme par la femme [32]. »

Du mal au bien, quel changement de perspective ! Pourtant, cette nouvelle perspective ne fut qu'un rêve et la réconciliation de Strindberg avec « la femme et l'humanité » n'eut jamais lieu. Sauf peut-être à travers l'enfant qui pour une fois prit une valeur unifiante entre l'homme et la femme, resta après la séparation un lien entre le père et la mère. La réconciliation n'eut jamais lieu, l'ange espéré disparut, laissant Strindberg dans la boue et la souillure : « Mon âme aimait cette femme et la brutalité du mariage m'a dégoûté. Je n'ai d'ailleurs jamais vraiment compris ce qu'un grand amour pour la belle âme d'une femme a à faire avec l'ignoble besogne de la reproduction[33]. » La souillure du sexe reste bien la clé du mal advenu par la femme.

À quoi je ferai répondre Harriet Bosse par une lettre qu'elle lui envoya alors, et que Strindberg, à l'instar de quelques autres missives, glissa dans son propre texte. Car cette lettre, en laissant parler, répondre, une femme, met cette dernière à la seule place que le discours, si ce n'est la vie de Strindberg, ne lui donne pas, celle de sujet. La femme pense aussi le conflit entre les sexes, la maternité, et la souillure. Je terminerai sur la parole d'une femme :

« Et si maintenant, je reviens vers toi, tu me mépriseras évidemment encore davantage, et la prochaine fois que tu t'emporteras, pour une chose ou une autre — pire — tu m'abreuveras de paroles que je ne comprends même pas dans la bouche d'un homme lorsqu'il parle à la plus sale de toutes les filles des rues — et encore moins à sa femme.

Non, Gusten, je ne peux pas être salie complètement, surtout maintenant que j'attends mon petit enfant adoré. Il faut que lui reste pur[34]. »

Que l'homme, par ses propos, misogynes ou non, puisse salir la femme, cela aussi serait à penser...

NOTES

1. G. Fraisse, *La Différence des sexes*, Paris, PUF, 1996.
2. *L'Abbaye, in Œuvre autobiographique*, C.G. Bjurström (éd.), Paris, Mercure de France, 1990, t. 2, p. 37. L'œuvre théâtrale a été volontairement laissée de côté.

DE LA VIOLENCE ET DES FEMMES

3. *Dans la chambre rouge, in Œuvre autobiographique*, C. G. Bjurström (éd), Paris, Mercure de France, 1990, t. 1, p. 672.
4. *Le Plaidoyer d'un fou, in Œuvre autobiographique, op. cit.*, t. I, p. 1102.
5. *Ibid.*
6. *L'Écrivain, in Œuvre autobiographique, op. cit.*, t. I, p. 851.
7. *Le Plaidoyer d'un fou, op. cit.*, p. 1072 *sq.*
8. Et si loin de la violence de Schopenhauer, comme de la dureté de Proudhon.
9. *Op. cit.*, pp. 78-79.
10. *L'Écrivain, op. cit.*, p. 777.
11. *Dans la chambre rouge, op. cit.*, p. 540.
12. *L'Écrivain, op. cit.*, p. 785.
13. *Ibid.*, p. 807.
14. *Fermentation, in Œuvre autobiographique, op. cit.*, t. 1, p. 402.
15. *L'Écrivain, op. cit.*, p. 777.
16. *Ibid.*
17. *Dans la chambre rouge, op. cit.*, p. 668.
18. *Le Plaidoyer d'un fou, op. cit.*, pp. 1100-1105.
19. *L'Écrivain, op. cit.*, p. 778.
20. E. Key, *Amour et mariage*, 1904.
21. *Dans la chambre rouge, op. cit.*, p. 564.
22. *Mariés !*, 1886, Actes-Sud, 1986, p. 395.
23. *L'Écrivain, op. cit.*, p. 719.
24. *Mariés !, op. cit.*, p. 23.
25. G. Fraisse, *Muse de la raison. Démocratie et exclusion des femmes en France*, 1989, Folio Gallimard, 1995.
26. *Mariés !, op. cit.*, p. 22.
27. *Le Plaidoyer d'un fou, op. cit.*, p. 900.
28. *L'Écrivain, op. cit.*, p. 788.
29. *Le Plaidoyer d'un fou, op. cit.*, p. 1056.
30. *Harriet Bosse, in Œuvre autobiographique, op. cit.*, t. II, p. 775.
31. *Inferno, in Œuvre autobiographique, op. cit.*, t. II, p. 337.
32. *Harriet Bosse, op. cit.*, p. 707.
33. *Ibid.* p. 776.
34. *Ibid.* p. 760.

Ce travail est le fruit d'un séminaire de recherche « Histoire des femmes » qui s'est tenu au Centre de recherches historiques (CNRS-EHESS).

Cécile Dauphin	ingénieur au CNRS (CRH-EHESS)
Arlette Farge	directrice de recherche au CNRS (CRH-EHESS)
Geneviève Fraisse	directrice de recherche au CNRS et chargée de conférences à l'EHESS
Dominique Godineau	maître de conférences à l'université de Rennes-II
Nancy L. Green	directrice d'études à l'EHESS (CRH)
Danielle Haase-Dubosc	directrice de Columbia University à Paris (Reid Hall)
Marie-Élisabeth Handman	maître de conférences à l'EHESS
Véronique Nahoum-Grappe	ingénieur à l'EHESS (CET-SAH : Centre d'études trans-disciplinaires Sociologie, Anthropologie, Histoire)
Yannick Ripa	maître de conférences à l'université de Paris-VIII

Pauline Schmitt Pantel   professeur à l'université de Paris-I

Danièle Voldman   directrice de recherche au CNRS (IHTP)

Bibliothèque Albin Michel
Histoire

MARTINE AZOULAI
Les Péchés du Nouveau Monde,
les manuels pour la confession des Indiens
(XVIᵉ-XVIIᵉ siècle)

MARC BARATIN, CHRISTIAN JACOB
Le Pouvoir des bibliothèques. La mémoire des livres en Occident

ROGER CHARTIER
Culture écrite et société. L'ordre des livres
(XIVᵉ-XVIIIᵉ siècle)

FRANCIS CONTE
L'Héritage païen de la Russie. Le paysan et son univers symbolique

C. DAUPHIN, P. LEBRUN-PEZERAT, D. POUBLAN
Ces bonnes lettres, une correspondance
familiale au XIXᵉ siècle

JANINE DRIANCOURT-GIROD
L'Insolite Histoire des luthériens de Paris
de Louis XIII à Napoléon

NICOLE EDELMAN
Voyantes, guérisseuses et visionnaires
en France, 1785-1914

FRANCIS FREUNDLICH
Le Monde du jeu à Paris (1715-1800)

PAUL GERBOD
Voyage au pays des mangeurs de grenouilles,
la France vue par les Britanniques du XVIIIᵉ à nos jours

ROBERT HUGHES
Barcelone — la ville des merveilles

LYNN HUNT
Le Roman familial de la Révolution française

CHRISTIAN JACOB
L'Empire des cartes, approche théorique
de la cartographie à travers l'histoire

PHILIPPE JACQUIN
Le Cow-Boy,
un Américain entre le mythe et l'histoire

GERD KRUMEICH
Jeanne d'Arc à travers l'histoire

JACQUELINE LALOUETTE
La Libre Pensée en France, 1848-1940

La composition de cet ouvrage
a été réalisée par Nord Compo,
l'impression et le brochage ont été effectués
sur presse Cameron dans les ateliers de
Bussière Camedan Imprimeries
à Saint-Amand-Montrond (Cher),
pour le compte des Éditions Albin Michel.

Achevé d'imprimer en août 1997.
Nº d'édition : 16708. Nº d'impression : 4/782.
Dépôt légal : août 1997.